|主编| [加] 戈登·诺伊费尔德

RECLAIMING OUR STUDENTS

每个孩子
都需要被看见 ②
6~18岁孩子的情绪健康守护指南

[加] 汉娜·比奇 著
[加] 塔玛拉·诺伊费尔德·斯特杰克
范翠莎 译

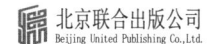

北京联合出版公司
Beijing United Publishing Co.,Ltd.

图书在版编目（CIP）数据

每个孩子都需要被看见. 2, 6～18岁孩子的情绪健康守护指南 /（加）汉娜·比奇,（加）塔玛拉·诺伊费尔德·斯特杰克著；（加）戈登·诺伊费尔德主编；范翠莎译. -- 北京：北京联合出版公司, 2023.3
ISBN 978-7-5596-5035-1

Ⅰ.①每… Ⅱ.①汉… ②塔… ③戈… ④范… Ⅲ.①儿童教育—家庭教育 Ⅳ.①G782

中国国家版本馆CIP数据核字(2023)第009833号

Copyright © 2020 by Hannah Beach and Tamara Neufeld Strijack
Rooted in the relational developmental approach of Gordon Neufeld, PhD.
Published by arrangement with Transatlantic Literary Agency Inc., through The Grayhawk Agency Ltd.
Simplified Chinese edition copyright:
2023 Beijing ZhengQingYuanLiu Culture Development Co., Ltd.
All Rights Reserved.

北京市版权局著作权登记号：图字01-2022-6534号

每个孩子都需要被看见. 2，6～18岁孩子的情绪健康守护指南

著　者：［加］汉娜·比奇　　［加］塔玛拉·诺伊费尔德·斯特杰克
主　编：［加］戈登·诺伊费尔德
译　者：范翠莎
出 品 人：赵红仕
责任编辑：周　杨
选题策划：尧俊芳
封面设计：WONDERLAND Book design
　　　　　仙德 QQ:344581934
装帧设计：季　群　涂依一

北京联合出版公司出版
（北京市西城区德外大街83号楼9层　100088）
北京联合天畅文化传播公司发行
北京中科印刷有限公司印刷　新华书店经销
字数180千字　640毫米×960毫米　1/16　16印张
2023年3月第1版　2023年3月第1次印刷
ISBN 978-7-5596-5035-1
定价：42.00元

版权所有，侵权必究
未经许可，不得以任何方式复制或抄袭本书部分或全部内容
本书若有质量问题，请与本公司图书销售中心联系调换。电话：（010）64258472-800

推荐序

> 有了关系，行为才有意义。不先建立关系，任何层面的行为都只会产生冲突。因此，建立关系比采取行为重要得多。
>
> ——J. 克里希那穆提（J. Krishnamurti）

能为本书作序，我备感荣幸。本书作者之一是我的女儿，因此我的所言所语不免有偏心之嫌。然而我确信，即使抛开这份偏爱，本书也依然熠熠生辉。对此，我相信大家在读完之后一定会强烈赞同。

如今，越来越多的人意识到，情绪健康是开发孩子潜能的关键所在。无论是孩子的学习能力、成长能力、获得幸福感的能力，还是融入社会的能力，都与情绪健康密不可分。而情绪健康，其本质取决于孩子能否感知自己的情绪，这其中包括那些最脆弱的情绪。因此，我们会发现，孩子的情绪健康问题，根源在于他们逐渐丧失了情绪感知力。这一点，不仅是对孩子，对所有人而言，都后患无穷。孩子无法感知情绪，就感受不到人性，无法培养韧性和适应力，不能成熟，最重要的是无法拥有共情能力。无法共情的孩子，会频繁出现攻击性和其他危险行为，上学的孩子抗拒学习、天真烂漫的年纪却心理疾病泛滥，甚至产生自杀念头。

那么，什么是孩子情绪健康问题的解决之道呢？如果问题的根源与逐渐丧失的情绪感知力有关，那么解决办法就是保护或恢复这种能力。

千百年来，人类一直受到天性的保护，而情绪感知力就是庇护者之一。因此，要维护孩子的情绪健康，就要回归到人类文明的基础——让孩子拥有完整的人性，成为完整的人。那么，如何做到这一点呢？

答案之一就是为孩子建立情感联结。情感联结的建立与关系密不可分。这里所说的关系是指孩子与养育者和教育者之间的关系。与充满爱心的成年人建立安全的情感联结，是孩子内心世界的最佳保护罩。对 6～18 岁的孩子来说，他们大部分时间都在校园度过，因此师生关系对孩子情绪健康和情绪幸福感也有很大影响。

另一方面，为孩子的情绪提供表达空间。早期的希腊哲学家坚信，情绪只有表达出来，人类文明才可实现。在雅典有一种习俗，即每一位自由出生的孩子都会去学习唱歌和弹奏竖琴，其目的不是能够表演，而是作为一种表达情绪的工具。此外，男女老少，无论来自哪个阶层，所有人都会参与戏剧表演。戏剧这种表演艺术是一种很好的情感表达方式，有利于恢复、保持人的情绪健康和提升幸福感。这些表演艺术的秘诀并不在于"演"，而在于当人们沉浸在戏剧中时，其肢体动作、配乐和戏剧情节成了情绪的表达形式。人只要加入其中，就拥有了一种天然的治愈能力。这种表演不需要观众，只是需要演员自发地去做一些动作，而不是按照剧本来演，把表演艺术变为表达艺术。

这一点，与本书的作用如出一辙。

本书的主旨就是帮助抚养者和教育者与孩子培养一种良好的关系，建立情感联结，为孩子提供一个健康的情绪空间，引领他们进行情绪表达，从而使他们恢复并长久保持情绪健康和幸福感。为此，作者先阐述了理论，而后介绍了大量相关操作方式。书中所有关于改善情绪健康的实践，其操作都十分简便，易于实施。无论是孩子和父母，还是学生和老师，在这些实践中都不会产生太多强求意识，只要参与其中即可。

建立良好的关系，调整好各自的位置，通过有趣的活动引领孩子表达情绪，保护他们的情绪健康和心灵，是父母能给孩子最好的教育。

最后，希望你们享受阅读之趣，同时能从中找到合适的操作方式，帮助孩子成长。

戈登·诺伊费尔德博士

（著有《每个孩子都需要被看见》）

目录

CONTENTS

第一部分
父母——孩子情绪健康的守护者 *001*

第1章 陷入情绪困境的孩子 *002*

情绪问题的背后是什么 *002*

真实人际交往减少，孩子沟通情感的方式发生了改变 *004*

失去自主玩耍的机会，负面情绪释放空间被压缩 *007*

孩子被困在"求生模式"中 *010*

第2章 情绪安全感 *013*

情绪安全感，对孩子意味着什么 *014*

我们可以怎么做 *016*

- 始终维护与孩子的关系 *016*
- 关怀式引导 *016*
- 允许孩子犯错 *017*
- 让孩子自由尝试 *019*

- 赞美不同 　　　　　　　　　　　　　　　　　　　　021
- 以身作则 　　　　　　　　　　　　　　　　　　　　021
- 明确告诉孩子，我们很爱他 　　　　　　　　　　　　024
- 为孩子营造轻松愉悦的环境 　　　　　　　　　　　　026

第3章 改变消极自我认知，带来积极情绪　　028

引导孩子发现美好自我，不只靠激励　　　　　　　　　029

合理使用奖励　　　　　　　　　　　　　　　　　　　030

从积极的角度解读情境　　　　　　　　　　　　　　　031

帮助孩子用全新的方式感受自我　　　　　　　　　　　033

第4章 如何纠正孩子的问题行为，又在情感上不伤害他们　　039

始终在情感上支持孩子　　　　　　　　　　　　　　　039

帮助孩子发现自己善意的一面　　　　　　　　　　　　040

管教后，重新搭桥修复关系　　　　　　　　　　　　　045

私下纠正孩子的行为　　　　　　　　　　　　　　　　046

第二部分
常见问题　　051

第5章 焦 虑　　052

焦虑背后的真正原因是什么　　　　　　　　　　　　　054

当下需要怎么做　　　　　　　　　　　　　　　　　　058

- 将警报"正常化" 　　　　　　　　　　　　　　　　058

- 给孩子足够的安全感 059
- 不要特意强调孩子的问题是源于焦虑 060
- 适时推孩子一把 061

平时需要怎么做 063

- 放慢脚步 063
- 为孩子提供更多的探索机会 064
- 制订好计划、仪式和惯例 064
- 始终如一的自信和友好 065
- 疏导和缓解焦虑的实用方法 065
- 做肢体动作 066
- 别让他们的双手闲下来 067
- 搭桥，缓解孩子的分离焦虑 067
- 真我示范 070

第6章 心不在焉 072

心不在焉的真正原因是什么 073

- 正处在"忘我"中 073
- 爱幻想，容易分心 073
- 注意力不容易转换 074

当下需要怎么做 074

平时需要怎么做 075

第7章 爱捣乱 … 076
"爱捣乱"的真正原因是什么 … 077
- 原因一：孩子们尚不具备克制冲动的能力 … 077
- 原因二：情绪太过强烈，无力控制 … 081
- 原因三：焦虑 … 081
- 原因四：受到过度刺激 … 083
- 原因五：寻求关注 … 083

当下需要怎么做 … 085
平时需要怎么做 … 086

第8章 逆反 … 087
逆反心理的真正原因是什么 … 088
- 关系不够亲密 … 089
- 为了表达自己的意愿 … 090

当下需要怎么做 … 091
平时需要怎么做 … 094
- 维护关系 … 094
- 计划和仪式 … 094
- 允许孩子表达自己的想法 … 094

第9章 自我封闭，对一切都漠不关心 … 096
背后的真正原因是什么 … 097

• "我不在乎"	098
• 人的在乎能力为何如此重要	100
当下需要怎么做	100
平时需要怎么做	101
• 安全感、安全感、安全感！	101
• 关系、关系、关系！	102

第10章 专横跋扈　　　　　　　　　　104
专横跋扈的真正原因是什么	104
当下需要怎么做	105
平时需要怎么做	106

第11章 攻击性强　　　　　　　　　　109
攻击性行为的真正原因是什么	110
• 沮丧感转化为攻击力	110
• 情绪崩溃，成人也在所难免	112
• "挫折环岛"导航	114
• 从愤怒到悲伤的内心转变	115
• 若愤怒过后不是悲伤，而是脆弱，又该如何	116
• 越过"冲动克制"过程，转为攻击	118
当下需要怎么做	120
• 确保所有人的安全	120
• 解决孩子的攻击性问题	120

- 帮助攻击者适应"被拒绝" 121
- 发现孩子善意的一面 123
- 帮助孩子主动道歉 124

平时需要怎么做 125
- 帮助孩子找到释放攻击能量的合理方式 125
- 设置发泄空间 127
- 制订防范计划 132
- 为攻击者打造心理援助网 132
- 针对青少年的特别建议 133

帮助孩子表达沮丧感 134

第12章 欺凌他人 139
欺凌行为背后的真正原因是什么 140
当下需要怎么做 144
受欺凌者需要怎样的帮助 146
旁观者需要怎样的帮助 147

第三部分
如何守护孩子在学校的情绪健康 151

第13章 老师的引导风格对孩子情绪健康的影响 152
老师的教导方式有何重要意义 153
回避型老师 154

专制型老师　　　　　　　　　　　　　　　　　　*155*
温暖与压力　　　　　　　　　　　　　　　　　　*157*

第14章 如何判断老师的好坏　　　　　　　　　*160*
帮助孩子与老师建立信任关系　　　　　　　　　　*161*
善于"拉近"关系的老师是好老师　　　　　　　　*162*
善于发挥同伴群体领袖的作用　　　　　　　　　　*164*
优秀的老师会非常尊重孩子　　　　　　　　　　　*167*
优秀的老师都愿意接近孩子　　　　　　　　　　　*168*

第15章 改变集体的消极自我认知　　　　　　　*171*
优秀的老师，善于打造积极的集体认知　　　　　　*174*
与整个班级建立关系　　　　　　　　　　　　　　*176*
把"他们""你们"变成"我们"　　　　　　　　*177*
发现孩子即将碰壁之时，快速转移其注意力　　　　*178*
优秀老师会正面管教一个集体　　　　　　　　　　*179*

第四部分
唤醒内心的情感　　　　　　　　　　　　　　　*181*

第16章 打造健康的情感共同体　　　　　　　　*182*
健康的情感共同体　　　　　　　　　　　　　　　*182*
包容：真包容与假包容　　　　　　　　　　　　　*184*
成人对孩子道德推理水平的错误认识，有时会成为绊脚石　*186*

每个人都有自己的故事，每个人都需要被"了解"   *187*

第17章 重拾古老的文化智慧   *192*
艺术的魅力   *192*
情绪游戏场之故事   *197*
情绪游戏场之戏剧   *200*
情绪游戏场之合唱   *203*
情绪游戏场之舞蹈和律动   *204*
即使最坚硬的心也能被打动：针对极端例子的建议   *207*

第18章 成长的意义   *210*
整合的力量：大医学工作室的故事   *210*
整合的力量：芬兰的经验   *213*
整合的力量：午餐时间的魔力   *215*
整合的力量：选择适合自己的方法   *219*
茁壮成长的含义   *220*

特别建议   *222*
后　记   *228*
致　谢   *235*

父母——孩子情绪健康的守护者

Reclaiming Our Students

第一部分

园丁不能替植物生长，

他们的工作是为植物生长创造最佳条件。

——肯·罗宾逊爵士

（Sir ken Robinson）

第1章

陷入情绪困境的孩子

情绪问题的背后是什么

每天放学接孩子时,很多家长都会给孩子带上一些食物。因为大多数父母都知道,上了一天学的孩子,到下午放学时有可能会饿。另外,父母还会问问孩子一天在学校的情况,作业多不多,上一天学累不累。当然,这不仅是出于对孩子的关心,也是因为我们看到了孩子的需求,否则也做不到这么"贴心"。

假设我们只看到了孩子回家后情绪烦躁、精神不振、不写作业,而没有注意他行为和情绪背后的原因的话,就会觉得孩子是故意发脾气。

但是,如果有人告诉我们,这个孩子之所以没精神,是因为早餐午餐都没吃，我们就知道该做些什么。去斥责孩子烦躁易怒或者懒惰没有任何意义，因为我们知道他只是饿了，给他东西吃才是最有可能解决问题的办法。

有时，探究令人困惑的行为，就像是在学外语，让人感到迷茫很正常。所以，为了正确解读和主动满足这一需求，我们必须去了解这门语言。

同样，在家庭中，我们经常把孩子的问题定位为必须"修正"的行为问题，而不是把这些问题当作需要满足孩子情感需求的信号。我们经常问自己，"我要怎么做，孩子才不会出现这些问题"？

我们经常会教孩子共情，教孩子学会关心、学会处理自己的情绪，试图去改变孩子。然而，这些东西不是一教孩子就能会的——这些是植根于人们内心深处的特质。例如，我们可以教孩子如何去照顾某只小动物（比如，"你就这样喂它吃东西，给它刷牙"），但却无法教他们如何关心他人。关心是发自人们内心的一种感觉，是与生俱来或后期自我觉醒的一种品质，没有办法教给别人。我们希望孩子拥有的特质，很多都无法教给他们。但是，我们可以去了解培养这些品质需要什么样的条件。如果我们问问自己"我看到了什么"，而不是"我该怎么办"，就会自然而然地知道该做什么。只有了解孩子的情感需求，才能更好地做出回应。

我们不需要成为心理学家或咨询师，不用成为营养学家，就能知道某个孩子精神不振或者心情烦躁是因为没有吃饱，而解决问题最好的方法就是给孩子一些食物。同样，一旦知道孩子的某个行为问题源自情感上的渴望或需求，我们就可以为他们提供舒适安全的情绪氛围。知道了问题的根源，就知道需要创造哪种条件才能改变现状。

想象一下，窗台上有一株奄奄一息的植物。要帮助它，你就要确认一下：它是需要多浇点水，还是少浇点水？它能晒到足够的阳光吗？你是不是几个星期没管它了？这种植物很敏感，是不是需要更合适的环境才会茁壮成长？你的脑海里会来一场头脑风暴，把能帮助它恢复健康的条件全部过一遍。你不会觉得是这棵植物本身有问题。显然，这株植物需要有更合适的环境才能生长。

同样，孩子也需要适宜的条件，才有机会茁壮成长。他们不会像植物一样掉叶子，但他们的行为和情绪会告诉我们有哪些事情不对劲——这些行为和情绪就是我们观察孩子内心世界的一扇窗。透过这扇窗，我们就能知道孩子哪里是正常的，哪里出了问题。

真实人际交往减少，孩子沟通情感的方式发生了改变

科技是好东西，它给我们带来了许多重要发现，为我们打开了新世界的大门。科技还让孩子的生活发生了巨变，并通过多种方式改变了他们与成人之间的关系，改变了他们与人沟通情感的方式。

首先，科技的发展改变了孩子获取信息的方式，减少了父母与孩子、老师与学生交流信息的机会。现在的孩子都是借助科技手段来寻求答案，在没有成人引导的情况下，他们往往会接触到很多超出心理认知范围的事物。他们学习新技术的速度经常比成年人还要快，他们会觉得成年人没有什么可以教他们的，孩子与成年人之间缺乏了很多必需的联结。

科技融入了孩子的个人生活，也改变了他们与外界建立联系的方式。很多孩子和朋友都是通过网络来沟通，面对面交流让他们不自在，他们觉得发微信比打电话舒服得多。父母与孩子、老师与学生的交谈、眼神交流、建立联结变得越来越难。

科技发展还让孩子们能够和朋友虚拟"相处"，即便父母、兄弟姐妹、老师或其他人在场也不受影响。孩子们在一起的时间越来越多：上学时在一起，放学后通过社交媒体在一起，而且经常是到睡觉前最后一分钟还在一起；留给其他人的空间所剩无几。

此外，很多孩子喜欢玩电子产品，因此他们也特别容易感到无聊、焦虑和烦恼。一旦脱离网络游戏，他们就没法独自去玩一些有创意性的游戏。

社交是人类最强烈的一种情感需求，联结本该让孩子感觉良好——情绪饱满、精力充沛。但实际情况正好相反，在这种全新文化下，孩子们在社交时总是陷入各种困境。科技带给孩子们的不是他们需要的联结，而是隔阂。渴望被人喜欢和接受是人的天性，但社交媒体满足不了孩子的这种需求。无论是被人用喜欢或厌恶来评价，还是成为别人冷嘲热讽的对象，这种互动都无法拉近人与人之间的距离。因为不用面对对方，躲在屏幕后面会让人更加肆无忌惮地说出没心没肺、令人伤心的话。孩子们的联系比以往任何时候都要频繁，结果却比以往任何时候都要孤独和焦虑。

雪莉·特克尔在她的书《群体性孤独》（*Alone Together*）中解释了我们对社交、归属感和被人喜欢的这些基本需求为何很容易受到技术的影响。特克尔写道："技术是极具诱惑力的，因为它能弥补人性中脆弱的一面，而我们的确是非常脆弱、敏感的物种。我们时常感到孤独，却又害怕被亲密关系所束缚。数字化的社交关系和社交机器人恰恰为我们制造了一种幻觉：我们有人陪伴，却无须付出友谊。"

在当前文化环境下，孩子与其养育者之间的关系失去了保护，变得不堪一击，而这种关系的缺失，常常令孩子感到迷茫。因此，当孩子渴望建立更多亲密关系时，他们就会到网络上去寻找朋友，而这些所谓的朋友往往是他们完全不了解的人。

孩子们能否真正学到知识、获得情绪幸福感和社交幸福感，关键就在于他们的社交方式和社交对象。因此，我们要想办法增加孩子与人线下相处的时间和空间。

失去自主玩耍的机会，负面情绪释放空间被压缩

自主玩耍和自由游戏时间的缺失，对孩子的情绪也有很大影响。

游戏是孩子领悟人生的一种方式。他们通过游戏来了解这个世界，发泄沮丧、焦虑等不良情绪，体验未曾亲身经历过的危险和困难。在游戏中，孩子们可以尝试扮演不同的角色：勇敢的英雄、邪恶的女巫、讨厌的坏人、有爱的医生，还可以演绎和改编自己的经历、表达自己的情绪。在游戏中，他们既能任意建造，也能肆意破坏。经过这样的反复过程，他们的受挫能力得到锻炼，但不会产生任何实际性的后果或影响。

在孩子能够控制自己，不在真实的生活中表现出攻击性行为之前，游戏为孩子提供了一个安全的情绪释放空间。孩子们通过打闹、击剑游戏、战争游戏，通过音乐、文字和电视电影中的打斗情节来表达自己的不满。在游戏中将不满情绪发泄出来后，孩子们就能在现实生活中做到"文明有礼"。孩子的某种需求在游戏中得以满足后，在现实生活中的这种需求就会相应降低。

我侄子是个很乖很认真的孩子。他总是"在做正确的事"，不会伤害别人的感情，而且很守规矩。有意思的是，我发现他自己玩游戏时，扮演的却经常是"坏"角色。游戏中的他会选择做黑武士达斯·维达，而不是汉·索罗；或者做抢劫犯，而

不是警察。如果不了解游戏的意义，我也许会很纳闷游戏中的他为什么跟平时的他这么不像。但是，我现在明白了，他是在游戏中释放自己的不满和攻击性。能在游戏中宣泄出来，他就不必在现实生活中表现出来。他经常玩游戏，而且一玩就是几个小时，有时候他玩游戏的念头非常强烈时，就是他的天性在暗示他需要释放自己的攻击性能量了。

神奇的天性就是通过这样的方式来引导孩子的。游戏不是"多余的"，而是孩子生活中的必需品。它是情绪的发泄通道、人生的排练场，它还是一种媒介，通过它，孩子可以在安全的环境中了解和处理他们的内心世界和外部世界。然而，技术的变革和文化的转变破坏了孩子释放不满和焦虑情绪的天然方式，同时也剥夺了他们可以沉浸其中、探索自我创意以及静心沉思的空间。

在过去的 20 年里，孩子每周的空闲时间平均减少了 12 个小时，其中包括 8 个小时的自主游戏和户外活动时间。现在孩子自主玩耍的时间越来越少，这一现象的背后有很多文化因素，其中之一就是，科技产品和电脑游戏产品激增。电子游戏随处可玩，无论是在车里还是候车室里，抑或是日常生活中每个枯燥无聊、单调乏味的时刻，你都可以玩电子游戏。

除此之外，家庭规模越来越小，父母有了更多时间去关注自己的孩子。这些家庭深受竞争文化的影响，而这种文化越来越重视孩子在幼年阶段所取得的成功和可量化成就。迫于压力，越来越多的父母开始带孩子参加课外班或课外活动。这类课程和活动本身并不是一件坏事，但它们会挤占本应属于孩子的玩耍时间。

事实上，所有孩子（以及我们所有人！）的生活中都要留有"空虚时间"。这个时间完全由想象力主导，而不是被其他任何东西占据或分心。空虚时间是非常重要的自由游戏时间：无聊是滋生游戏念头的温床。只要给孩子时间和安全的空间，他们就能在天性的驱动下产生玩耍的念头。

然而，因为空虚时间和户外自由活动时间大大减少，现在的孩子已经没有时间去观察天上飘浮的白云、草地上爬行的蚂蚁。失去了这个安静的"虚无"空间，也就失去了带着好奇心探索的空间、自由思考的空间以及探索情绪的空间。为了促进情绪健康发展，我们每个人都需要感知自己的感受，因为正是我们的感受，推动了情绪的成长、发展和成熟。

到了 12 岁左右，孩子玩耍的方式会发生变化，但其情绪的发展仍然需要"空虚时间"。有了空虚时间，青少年才能静下心来去认识和了解自己的想法和情绪，去放飞思绪、畅想未来。他们需要时间和空间去释放被压抑的情绪：和乐队一起沉浸在音乐创作中，在日记中尽情抒发自己的情绪，抑或用自己喜欢的方式去度过某一天。他们需要这样的空间，在不惹麻烦的情况下学习如何面对挫折，在并非真正意义上失败的情况下学习如何面对失败。

在幻想世界里，孩子可以有充裕的时间在家自发地玩自创游戏。但现实不是幻想，留给孩子的玩耍时间越来越少，即便有时间，游戏往往也会被被动娱乐取代。

有些娱乐活动能激发想象力、唤醒感官，让我们悲伤或欢笑，并让我们尽情宣泄情感，比如感人至深的戏剧、引人遐想的电影，抑或是让人情不自禁闭上眼睛跟着跳舞的音乐。虽然在这些娱乐中，我们是观众而非创作者，但它不是被动娱乐，而是一种动人心弦的娱乐。它所发挥的作用和游戏相同，因为它能唤醒我们内心深处的某种东西，带给我们的感动是发自肺腑的，能让我们感觉身临其境——它是一种角色参与式娱乐。反之，被动娱乐无法唤醒人的感官，也无法触动孩子的情绪，但却是大部分孩子每天都在花数小时参与的活动。

被动娱乐是由外到内，而游戏则是由内到外的。如果把被动娱乐比作吸气，那游戏就是呼气，而很多孩子都在不停地吸气、吸气……

自由游戏的缺失对孩子产生了巨大影响。孩子们每天带着不安和沮丧，心中充满焦虑，情绪往往容易陷入困境之中。

孩子被困在"求生模式"中

当内心被各种各样的情绪包围，又缺乏有效的沟通和足够的情绪释放空间时，孩子就会表现出无礼、破坏性或攻击性行为。这是一种本能的反应方式。

人类自带一套生存机制，在感知到威胁时会做出反应，保护自身安全。这种机制可以在很大程度上保护人类，尤其是在外界威胁非常明显且只是偶尔出现的情况下。对潜在威胁做出反应时，人体会进入行动模式，心率提升，把供给睡眠和消化系统（这些系统暂时处于次要地位）的能量转移到肌肉中，以便在需要时立即行动。

例如，假设你在穿越树林的时候遇到了一个好像是熊的东西。这时，一般人的反应是立即停下脚步并寻找离自己最近的逃生路线——你要慢慢往后退，不然只能等死。虽然在此之前你还觉得饥饿难耐，但此刻你可没工夫去想背包里的三明治了。刚刚还疲惫不堪的你，现在却精神抖擞。此刻的你，无论是身体还是心理，都处于警觉状态，这就是所谓的交感反应。

如果威胁解除了，或者你发现只是虚惊一场，例如，那只"熊"其实只是一段长得像熊的树桩，这时你的身体和大脑就会接收到"警报解除"的信号，然后恢复正常功能。警报系统切换回休息和消化系统，即副交感神经反应。切换完成后，你会再次感到饥饿，甚至会有困意袭来。

警报系统能有力地保护我们的人身安全。但是，如果威胁没有消失怎么办？或者说，如果我们的警报系统卡在了"打开"模式，即使危险被证实并不存在也无法切换，而且我们已经感到轻微焦虑了，这该怎么办？在这种情况下，大脑会要求我们必须"知道"哪里出了问题。模糊的信息让大脑难以分辨，它需要把问题弄清楚，找到激活警报系统的源头。也就是说，当我们的内心有警报响起，大脑就认为一定是有原因的，而且它会坚持找到那个原因。如果它认为是细菌触发的警报，人体就会避开那些会弄脏身体的东西，以便解除警报。这些信息告诉我们，大脑会代表我们做出某种关联，觉得威胁一直存在。因此，当警报系统处于激活状态时，我们就会一直焦躁不安，不断寻找可能伤害我们的东西。在这种状态下生活，实在是艰难。

然而，我们很多孩子都被困在这种警报状态当中。很多孩子无法从负责教养他们的成年人那里得到自己所需的指导和情感纽带。他们没有时间，也没有空间去满足自己的好奇心，反思自己的人生，导致各种情绪滋生。他们的内心被各种各样的强烈情绪包围，却不知道如何应对。他们的情绪没有疏导方向，缺乏释放空间。他们如此心烦意乱，却没有发泄的途径。最后要么是发泄出来，要么是把自己封闭起来。

当然，这种情况并非不可改变。我们可以帮助孩子建立足够的情绪安全感，让他们走出情绪的困境，从"求生模式"中脱离出来。

第2章

情绪安全感

情绪安全感，是指内心不焦虑，处于一种平和的状态。内心焦虑的孩子听不到外界的声音，而有了安全感之后，他们的焦虑——内心的警报——就会慢慢消失，内心就有空间接纳外界事物。他们会变得更有好奇心，更喜欢问问题，更愿意冒险和犯错。他们还会变得勇于尝试新事物、设定高目标。更难得的是，他们从此无惧失败，愿意去发现更多的可能性。有安全感的孩子也更愿意主动学习。

此外，情绪上有安全感的孩子不仅能安静独处，还能在群体中找到归属感，与人和谐相处。在这种氛围中，孩子有更开放的心态，充满好奇心与求知欲，更容易获得满足感。有了这份满足感，孩子在集体中时会相信自我被接纳，也会更愿意接纳别人，不会因为自己和别人不同而忧心忡忡。被安全感包围的孩子，才能真正去认识自己，去认识他人。

作为养育者，我们的使命就是给孩子足够的情绪安全感，帮助和支持他们，打开他们的眼界，让他们看到更多的可能，引导他们看到人性。

情绪安全感，对孩子意味着什么

首先，孩子拥有情绪安全感，就有了心灵的港湾。

为孩子打造情绪安全感，就代表着我们之间的情感纽带，既是孩子的避难所，也是孩子的盾牌。相比同龄人对自己的看法，孩子会更加注重父母或老师对他们的看法。所以，只要父母或老师可以给他们足够的安全感，就可以减轻他们的焦虑，帮助他们保持积极的自我认知。

比如"即使所有人都觉得我很笨，但妈妈觉得我不笨就可以""即使所有人觉得我学不好，但L老师觉得我能学好，我就肯定能学好"。这样的自我认知可以保护孩子免受其他人伤害。只要有这种安全感，即使其他人仍旧不停地嘲笑，即使这个世界上的其他人都看不到他们的优点，他们的心灵也不会被伤害。

虽然我们希望孩子不被取笑和嘲弄，但有很多事情并不受我们掌控，伤害不可避免。没有人愿意有这样的经历，但若是一个孩子能被一段充满安全感的关系保护，遇到这样的场景时就不会被伤得那么深。他们首先想到的是我们对他们的看法，而且会更看重我们怎样看待他们，他们只在意我们的看法。

其次，拥有情绪安全感的孩子，心灵更自由，会发现人生的更多可能性。

在这个技术日新月异的世界里，我们需要有创造力的人为我们领路。我们的孩子要成为这样的人，就要敢于突破常规，发挥想象力，去发现，去主导，而不是一味恪守传统。自由发问，自由探索，自由尝试新事物，自由做自己，而这些都需要情绪安全感作为后盾。

拥有情绪安全感的孩子，心态更加开放，更有求知欲，而且愿意相信别人会接纳他们的真实自我。有了这样的信念，他们就不会因为与众不同而心存不安。在安全感的包裹下，他们就可以踏上发现自我、发现他人的旅程。接纳不同，允许孩子

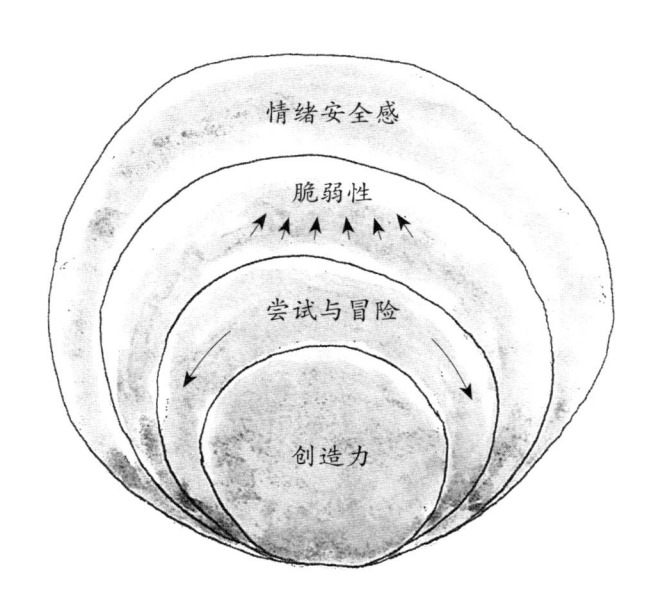

犯错，这是让孩子自由做自己的情绪条件。教孩子接纳真实的自我，接纳人生的所有一切，是孩子深度学习、发现人生更多精彩的机会。

我们可以怎么做

始终维护与孩子的关系

关系在教养中始终是第一位的。有了有利的关系，情感联结才有了建立的基础。我们要积极与孩子建立关系，要经常做一些事去拉近距离。我们要让他们感受到我们的关心。即使他们做错了事，我们在管教时依然要出于关心。为此，我们要时刻关注他们，认真倾听他们的感受，这一点是维护关系的关键所在。在孩子分享感受或努力解释自己的观点或体验时，我们要从情感上给予他们支持，让他们能感觉到我们是理解他们的，而不仅仅是告诉他们应该怎样做。

关怀式引导

关怀式引导，用温暖去引导孩子。为了更好地支持孩子发展和成长，我们要时刻关注孩子的需求——要解读并主动满足其需求。关怀式引导是不会轻易跟孩子说"你真是没救了！"，或者"你真是让我烦透了！你怎么这么不听话！"。这些话会让孩子的情绪更加糟糕。作为成年人，我们要学会先调控自己的情绪。在遇到无力应对的局面时，我们可以找其他成年人倾诉，而不是当着孩子的面表达自己的无奈。让孩子看到自己的无能，只会导致孩子对我们失去信心，不再相信我们，继而引发更多问题行为。

允许孩子犯错

营造情绪安全感的另外一种方法便是允许孩子犯错。只有拥有了更多的试错空间，孩子才不容易焦虑，更乐于学习，变得更有好奇心，更容易发现自身的潜力。

在我童年时期曾经发生过这样一件事。我们学校有幸邀请到了现代舞著名舞蹈家玛吉·吉利斯来为我们提供指导。玛吉获得了加拿大总督表演艺术奖基金会颁发的加拿大终身成就奖，以及加拿大双子星奖最佳电影演员，她还是加拿大最高荣誉——加拿大勋章获得者，除此之外，玛吉获得的其他奖项更是数不胜数。听到她要过来，我们这些孩子都激动不已，但许多人激动之外又有些许紧张，他们担心玛吉会看不上自己的舞蹈水平。

我们没有接受过正式的舞蹈训练，我们的形体跟传统的"舞蹈者"形象也丝毫不沾边。但是，玛吉由内而外地引导我们，帮助我们发掘自身的艺术创造力，表达内心的情感。

那个时候，我们正在探讨社会不公正的问题。于是，在玛吉来了之后，我们就选择了"宽恕"作为本次舞蹈与戏剧活动的探索主题。玛吉花了整整两天时间来指导我们，帮助我们把想法变成现实。我们在面对她时会很紧张，担心自己"不够好"，心中有想法却不敢说出来。

玛吉意识到了这点，问道："你们想知道我是如何创作的吗？每天早上醒来之后，我都会问自己一个问题：'我今天能犯几次错？'"

听到这句话，大家都笑了起来。玛吉的话打动了我们。我们紧张的心终于放松下来，对"犯错"的想法也不知不觉之间发生了变化。每次有人不小心做出滑稽可笑的动作，或者有人跌倒，我们都会鼓掌庆祝，有人还会喊："又一个错误被排除了！——现在只剩下八十七个错啦！我们马上就要成功了！"这种方法彻底打消了我们的紧张和疑虑，在这种状态下，我们最后创作的作品远远超出了大家的想象。这些作品的创作过程充满了无穷的乐趣。与最终的舞蹈剧作品相比，创作过程本身就是一种收获。

成年以后的我认为，玛吉说那句话只是为了激发我们的创作灵感，解开束缚我们创作的枷锁。然而，后来的一次机遇让我对她有了一些新的认识。

我后来有机会去她家。参观她家的时候，我发现床边的墙上贴了一张活页纸，纸上是她亲手写的字："我今天能犯几次错？"原来，这句话不只是她说来安抚孩子的！她是真的把这句话当作了人生箴言，真的把自己的处世哲学分享给了我们。

那一刻，我觉得思路一下子被打开了。这件事对我个人也产生了深远的影响，我开始反思：在学习和生活中，我一直都小心翼翼，试图把每件事情做对，不让自己犯错，我因此错过了多少东西？如果我不再害怕"犯错"，不再担心自己"不够好"，我会怎样做？作为父母，我能不能打开孩子们的心灵，让他们也感受到这份宝贵的自由和无限可能？

回到家里后，我的心态发生了彻底的改变。我开始用这种心态来诠释错误。我一改往日"犯错可以接受，不用担心"的类似言论，转而开始积极欢迎孩子犯错。重新定义犯错的价值为孩子们带来了巨大改变。说犯错"可以接受""不用担心"，意思相当于："你是做错了事，不过这没什么大不了，不用担心，我原谅你。"相比之下，欢迎犯错则意味着把犯错作为一次积极的学习体验。

对犯错的全新定义，也改变了所有孩子的气场。即使他们写出的诗"不像诗"，或者写出来的故事没有预期的好，他们也不在乎，因为他们更关注自己是否在勇于尝试新事物。每当有人尝试了一种新事物，但结果却不尽如人意时，孩子们还是会表示祝贺，因为我们看到的结果是不同的，是惊艳的，而不仅仅是对的。多么自由的创作经历！欢迎犯错，而不只是原谅，情绪安全感因此而产生的显著改变很难用文字表达清楚。

让孩子自由尝试

彼得·雷诺兹的英文绘本《味儿》（*Ish*）把自由尝试的好处诠释得淋漓尽致。这本优秀绘本的主人公是一个爱画画的小男孩，哥哥嘲笑他画得一点也不像，怎么画也画不"像"的他沮丧无比，便把自己的画全都揉成一团扔掉了。

但是后来,他惊讶地发现,那些被他揉皱扔掉的画全都贴在了妹妹卧室的墙壁上。妹妹告诉他,她非常喜欢他的画,这些画特别有"味儿"。船有"船的味道",花瓶有"花瓶的味道"。妹妹的话让他开始重新审视自己的画,他的思路因此而彻底打开。带着全新的思路,这个小男孩开始了随心所欲地创作。他成了一名"有味儿的"艺术家。读者从该书的结尾处可以看到,小男孩内心的诗人也开始觉醒。

摆脱完美主义的束缚,还自己一个无拘无束的心灵,焦虑也将随之消失不见,而后便能活出真正的自我,彼得·雷诺兹精准地诠释出了这一点。重视"味道",给孩子留出更多的表达空间。允许孩子自由尝试,不仅能缓解焦虑,这种"有味儿的"思维方式还能为开放式学习和发现留出一席之地。

自由尝试和探索,本身是一种学习模式,是艺术创作的必要条件,虽然其本质与艺术无关,但可用于解决人类特有的担忧——别人如何看待我?我无法满足别人的要求怎么办?我的想法很"愚蠢"怎么办?我失败了怎么办?无论是什么主题,要创作的是什么内容,探索式学习模式都可以消除或者至少是抑制这些担忧,释放孩子隐藏在内心的想法和可能性。

当然,这也并不意味着无须为孩子设定学习目标。我们仍然要关心他们的学业,只是要腾出空间和时间,以探索模式开展学习,让孩子真正学到更多东西。我们希望孩子可以承担更多的风险,为自己设定更高的目标。当他们接受测验或必须按要求上交一份完整的作品时,我们希望他们不是过后即忘,而是把学到的东西内化于心，对于上交的作品有主人翁意识，为自己的作品感到兴奋。

你可能会心生疑问：既然孩子的答案或作品不可能是正确的，那怎么会与学业产生关系？事实上，探索模式才是真正能帮助许多孩子得到正确答案的途径。在探索模式下学习的孩子，能用安全、放松的心态去探索学习，敢于发出"我不太理解这一点"，或者"这件事可以这么做吗？"，或"它是如何工作的？"等疑问。最后，不管是数学、科学还是其他科目，如果能让孩子自由地研究探索其中的概念，那他们的学习就能更加深入。

赞美不同

还有一点也要做到：赞美不同。我们可以清楚地向孩子表明，很高兴看到他们对事物有不同的看法，告诉他们每个人有自己的想法和思维方式是多么重要，而这就是世界如此丰富多彩的原因。

用这种方式来接纳不同，能给予孩子更多的表达自由和学习自由。有了这些自由，孩子就可以发现原来还有这么多学习、探索世界、体验世界的方式。

以身作则

以自己为例，跟孩子说明某种道理，经常能收到很好的效果，而且很少会引起孩子的抵抗。例如，某件事情本来只是有些不同，但孩子却认为是缺点时，我会用漫不经心的口气告诉他们：迷路不是什么缺点，我方向感就特别差，也经常迷路。再例如，某个孩子不识字或这也不会、那也不会，别的孩子会习惯性地贬低他，这个时候我会随口跟他说："是的，人和人是不一样的，每个人的学习方法都不相同，每个人的天赋也不相同。比如，我总是迷路，亚历克斯还不太识字。我们都有自己擅长和不擅长的地方。所有人都是这样。正因为如此，这个世界才会如此有趣。"

用漫不经心的口气去为与众不同正名，而不是苦口婆心地讲不要随意评判他人的重要性。因为这些话在孩子听来就是废话连篇，给孩子留出更多余地，让他们保持开放的心态，把我们的话真正听到心里去。

我女儿是一个很温柔也很害羞的孩子。有一年因为要出国访学，她需要跟随我去国外上高中。

新的班级当时正要举办一次百乐餐，每个孩子都可以把自己想要分享的美食带过来一起享用。他们经常举办这类活动，因为人类天生就喜欢通过一起用餐来联络感情。所有人都非常期待这次午餐。他们会放上音乐，并由孩子来制作播放列表，一起用餐，享用比平时午餐更丰富的食物。

因为我们的生活习惯与饮食和当地人不同，所以女儿担心自己做的食物不被同学接受。我安慰了她，并提前和老师做了沟通。百乐餐日到了，女儿带了一大盘鱼头来，鱼头上还带着眼睛。她兴高采烈地告诉同学们这是家乡非常有名的一道菜，这些鱼头是她自己乘公共汽车去超市买来的。她还告诉同学们，这些鱼眼营养非常丰富，前一天她花了一整天的时间才做出了这道菜肴。很多孩子只是看着这道菜，这时老师大声对我女儿说："哇！这道菜做起来一定好复杂，你一定费了不少工夫吧。我们大部分人以前都没有见过这样的菜，大家可能都是头一次听说。能通过这道菜了解一些你的生活，我们很高兴。你来我们这里后，一直在尝试各种没有见过的食物，现在轮到我们来尝试新食物啦！"

最后在老师的带动下，周围几个孩子也各自尝了一口。

可以想象，如果老师没有亲自示范去尝试这道菜，而女儿只是把这道菜放在桌子上，没有老师的引导，那么最后的结果可能是没有任何人会尝这道菜，而最坏的结果则是一些孩子会尖叫或大笑，嘲笑这道菜有多么奇怪、多么恶心。但在那一天，这样的情况并没有出现。选择不吃这道菜是孩子的正当权利，虽然大多数孩子没有吃，但也没有说出任何不礼貌的话。

即便如此，当女儿回到家，我还是跟她聊了聊，因为盘子里还剩下好多鱼头，我担心这会打击她的积极性。我跟她解释道，这道菜对于同学们而言太过陌生，大部分人都会因为这个而不敢尝试，丝毫没有针对她的意思。

在这种情境中，老师通过亲身示范和私下沟通，为我女儿创造了情绪安全感。同时也告诉了其他人，他们可以自由做自己，不用担心被嘲笑。即使只有老师尝了这道菜并对女儿表示了感谢，也能给女儿足够的安全感，让她觉得自我被接纳。

对孩子来说，养育者和教育者的一言一行都意义重大。我们的包容会成就他们的包容，我们的接纳能带给他们情绪的安全感，从而促进他们的学习和成长。

明确告诉孩子，我们很爱他

真诚而明确地告诉孩子我们喜欢他们，会带给孩子足够的情绪安全感。

我清楚地记得，有一次我和妈妈去杂货店买东西。结账时，店员对妈妈说："下周就要开学了，你肯定很开心吧——这下再也没有孩子烦你了！"妈妈立马反驳道："不，我并不这样想。我会非常想念她。我很喜欢她整个夏天都待在家里。"

听到这话，我心中充满了骄傲。妈妈不仅爱我，她还喜欢我！这段刻骨铭心的记忆让我意识到了喜欢的力量——知道有人喜欢我，我会想让自己变得更加招人喜欢。我记得，当妈妈推着购物车离开收银台时，我把手搭在了妈妈手上，我感到一股暖流流向我的全身！

我来自一个特别大的家庭，我是妈妈生的第九个孩子。我父母还收养了三个孩子，他们陪着我度过了大部分童年时光。我的养弟詹森患有唐氏综合征，我的一个养姐也需要特殊照顾。因此，我知道妈妈其实非常忙碌。她不会开车，那天我们离开杂货店后是坐公交车回的家。

也许她内心深处对我即将开学感到高兴，也许她非常希望白天能有一些安静和独处的空间，也许她说会想我是真的会想我，也许她知道要是附和店员的话就会让我们之间产生隔阂。不管我妈妈说这些话是出于什么原因，那番话对我和我们的母女关系来说都是一笔宝贵的财富。

在生活中，我们很多人总是用清晰明确的方式告诉孩子们：作为成年人的我们有多么不喜欢跟他们在一起。比如，最近我去一所学校讲课时把车开进了学校的停车场，在那里我看到一辆老师的车上有张贴纸，上面写着"最美好的教学时光就是七月和八月"。还有去年夏天，我在电视上看到一则广告，做广告的是一家生产学习用品的大型连锁商店。画面中的父母欢呼雀跃地抢着购买学习用品，因为他们即将摆脱孩子，所以无比开心。我惊呆了，这种场面竟然能出现在电视上！但同时我也意识到，我们的社会对这种事情早已习以为常。我们经常在向孩子们传递我们不喜欢他们、没有他们在身边我们会很开心的信号。

有时我会想，当我们用那么直白的方式告诉孩子他们有多烦人时，会给他们带去多大的伤害。我甚至都无法想象，如果有同事告诉我们，工作日没有我们在身边他们会非常高兴，作为成年人的我们会有多伤心；又或者，如果老板在我们即将出发度假前跟我们说"谢天谢地，接下来两周我都不用管你了"，我们又会是什么样的心情。从成年人的角度去看这些事情，可以轻易地体会到成年人的心情，但我们却不一定能由此推断出孩子们的感受。

几乎所有的父母都关心孩子。实际上，所有主动读这本书的人都是如此。我们当然不会故意让孩子们觉得我们不喜欢他们。如果孩子的问题确实严重，我们可能会在无意之中说些类似的话，但本意也并不是想伤害他们。也有些时候，我们只是想开个玩笑，缓解一下紧张气氛。但是，如果我们明确告诉孩子，没有他们在身边我们会非常开心，这就会让孩子觉得自己有问题。如果有人说你不讨人喜欢，那再想让你招人喜欢就愈发困难。

当然，很多孩子确实让父母头疼，尤其在与你对抗的时候，你很难说出"喜欢"两个字，但越是这种时候，我们越要控制自己的情绪，不说喜欢，也尽量不要用言语伤害孩子。这样孩子才会在情绪上获得持续的安全感。

为孩子营造轻松愉悦的环境

我上三年级时，有一位老师很喜欢弹尤克里里。她教我们学会了《音乐之声》（*The Sound of Music*）中的所有歌曲。我还记得那节课上我们一起唱歌的温馨场面。

十年级时，法语老师在课上教我们做可丽饼和其他法国食物。她还在我们制作美食的时候演奏法国音乐。这门课很快就成为我最喜欢的课程之一，它还让我深深地爱上了法语，后来我又继续学了好多年。

打造轻松愉悦的环境并不是要我们去当孩子的娱乐导演，二者毫无关系。例如，作为父母，我们并没有义务去娱乐孩子，让每时每刻都充满乐趣。但是，如果能让孩子感觉到我们对家庭事务的喜欢，让他们知道我们很享受把这些生活常识教给他们的过程，那情况就会大不一样。在家庭环境中，如果父母愿意花时间在家里营造一种有趣、愉悦的氛围，孩子就会更愿意主动做事情，听从父母的引导。但如果在家里毫无乐趣可言，没有朋友般的相处，没有上学路上的闲聊，吃饭时也不开玩笑，唯一的互动就是告诉孩子该做什么事（如刷牙、写作业、倒垃圾、收拾房间），那么这样的父母一定会遇到孩子的各种反抗。对彼此缺乏兴趣，双方之间的关系就会缺少温暖，孩子自然也就没有动力去主动做事情。在这种情况下，父母可能会利用外部手段或孩子的恐惧心理来逼迫孩子听从自己，孩子心中会产生埋怨，故意拖拉。相反，在有着轻松愉悦氛围的家庭中，孩子主动做事的劲头会截然不同。

　　人们不愿意对自己不喜欢的人敞开心扉。但如果孩子和我们一起玩得很开心，喜欢和我们在一起的时光，那他们就会更愿意与我们建立互相尊重的关系。

第3章

改变消极自我认知，带来积极情绪

　　自我并非一成不变，不是用漂亮的包装将自我包好交给孩子，然后自我便完成、完整了。自我一直在不断改变。

　　　　　　　　　　——马德琳·英格（Madeleine L'Engle）

　　很多孩子因行为问题被贴上"问题儿童"的标签，情感上很容易陷入封闭状态，这样在学习上也会受到影响。为了改善状态，父母要帮助这些孩子改变对自己的消极认知，不再觉得自己就是"讨人厌""攻击性强"或者"不友好"，不再觉得自己就是"坏"孩子，促发他们的积极情绪。

引导孩子发现美好自我，不只靠激励

怎样帮助认为自己是"坏"孩子的孩子摆脱这种自我认知？经常有人问我："我们怎样才能激励他们变好呢？"

老实说，激励的方法对孩子不起作用。很多孩子听过很多次演讲，而且每次都听得热血沸腾，发誓要努力学习。然而看到 iPad，一切激情全无。唉，完全就是三分钟热度！大多数情况下，单靠意志力是无法让一个人坚持做出改变的。当然，激励也有一定的用处，它能让孩子知道自己的目标是什么、希望拥有什么样的生活……但实现这些目标不能仅靠激励。

许多学校都会邀请励志演讲家来鼓舞他们的孩子。我观察过那些孩子的反应，赞叹、感动、临近结束还会振臂欢呼。你甚至都能看到他们脑袋上飘着各种问题泡泡："他是怎么做到的？他是怎样做到一个人周游世界还能有这么多收获的？""她是怎么发明那个的？简直不可思议！"

请不要误解我的意思，这种演讲有它的好处，而且我一点也不觉得邀请励志演讲家给青少年讲述自己的故事有何不妥，实际上，这是一种极有益处的分享！它能点亮孩子们心中的明灯，而这正是我们所需要的。但孩子需要的不只是点亮明灯，还需要有持续的电力供应，只有这样，待激励留下的印记消退后，这盏明灯才会长明不熄。

所以，问题在哪儿？有一点，也是最关键的一点，许多孩子听完这种演讲之后受到很大启发，但却不明白这与他们有何关系。如果孩子看不到自己的能力或不知道自己拥有什么能力，那么这种演讲就无法帮助孩子开发潜力、展现天赋。

自我认知对人的影响巨大。对于孩子来说，自己在自己心目中是什么样的人，意义重大。那些认为自己是"坏"孩子的孩子很难跳出这种自我认知。但是，如果父母能帮助孩子体验全新的自我，就能增进他们对自己的认识。孩子需要感受和体验全新的自我，从全新的角度去看待自我。所以，父母不仅要激励或鼓励他们，还要将其置于某种情境中。在这种情境中，他们可以发现最好的自我并从内心深处明白这意味着什么。

合理使用奖励

最近，一对父母和我分享了这样的做法。每"表现好"一次，孩子就会获得一颗星星奖励，等获得足够多的星星奖励之后，就可以去同学家过夜。孩子对这种做法兴奋不已：和同学建立关系是一种奖励，而非惩罚。虽然这个想法的初衷很好，但却不适合作为一种真正促进孩子改变的方式。他们以关系为奖励，靠关系来激励孩子约束自己的行为，而不是将关系作为促进孩子改变的方式。这一点对"问题孩子"的影响尤其不好。

如果是一个问题严重的孩子，他不具备约束自己行为的能力，那他就没办法因为表现好而得到星星奖励，也就不可能有机会去同学家过夜。此外，一些孩子的心理确实还没成熟到能够做得"足够好"。对本来就沮丧的孩子来说，这种方式会加重他们的沮丧。他们的沮丧无法通过合理的渠道发泄出来，最终只会导致更严重的攻击性行为。要知道，负面情绪只能忍一时，总会有忍不住爆发的那一天。

"去同学家过夜"可以促进孩子与同学的关系，但不建议将其用于奖励表现良好的孩子。要让孩子意识到："我不是坏孩子，我也可以去同学家过夜！"

从积极的角度解读情境

从积极的角度解读情境，可以帮助遭遇失败或沮丧的孩子从中发现自己的优点。在遇到问题时，要把注意力放在做得好的地方，而不是去关注出现了什么问题。

例如，马修每次都把作业落在家里，每天你都会提醒他第二天记得把作业带到学校，可他还是忘。你可以坐到他身边，跟他一起讨论能让他记得带作业的办法，比如可以把这件事写在课后作业表上，或者在书包、家里某个地方贴一张字条用来提醒自己。然而并没有什么用，他还是一如既往地忘记带作业。

大约一个月后的某一天，老师打电话来说马修又忘记带作业，听到你接电话，他非常紧张。而你的本能反应是立马开启唠叨吼叫模式，内心忍不住想要呐喊："不是吧，马修！

又忘了?！"

但你一想起来，过去几周马修一直都记得带作业，他已经连续几个星期都没忘记过了，只有今天忘带了。这时如果你不唠叨，而是从积极的角度去解读这一情况："哇，马修你真该为你自己感到自豪。你已经两个星期没有忘记带作业了，两个星期！你应该感到骄傲！"听到这话，马修喜笑颜开："我知道！我一直都记着呢！"

上述情境原本可能会让马修觉得自己很失败（"真不敢相信我又忘了"），而换个角度去看待问题，就能改变他的自我认知，让他觉得自己是一个有责任心的人（"看我现在已经有这么多次没忘记过了！"）。当孩子认为自己有责任心时，就可以增进他们的责任感。他会觉得：我就是这样有责任心的人。如果一个孩子认为自己有攻击性或没有自控力，父母只需要帮助他们换个角度看问题，就可以让他们改变对自我的认知。

一年级的萨宾，因为内心沮丧打了另外一名同学。整件事看起来萨宾就是做错了，没有什么值得鼓励的。但仔细观察发现，萨宾在打另一个人之前，使劲儿攥了攥拳头，站着的身体一直在发抖。虽然打人要指正，但父母还是要从积极的角度去引导，让她看到自己也在努力克制，而不是一味地强调她的攻击性和对同学动手这一事实。

例如，父母不要说："萨宾，你竟然又打人。你怎么老是打人，什么时候你才能做到动口不动手？"而要说："萨宾，我知道你刚刚内心非常沮丧，所以打了迪克夏。我看到你其实在努力克制自己了，这很好！以前如果你生气了可能会毫不犹豫地打人，但现在你已经知道克制自己了。我看到你攥紧了拳头，努力想阻止自己打人，你成功阻止了自己好几秒钟呢！你正在朝那个方向努力，你应该为自己的努力感到骄傲。很快，你就能彻底克制自己的冲动了！"

谈话当然不是就此结束。父母还需要告诉她什么是正确的，在感到沮丧时还能做点什么来克制自己。可以问问她之前有没有尝试克制冲动，而且如果时机合适，还可以提示她找到与迪克夏和好的突破口。

从积极的角度去解读问题，帮助孩子看到他们做得好的地方，让他们由此看到自己的成长和能力，而非自己的失败，这样孩子的情绪会更加健康。就像萨宾一样，她能克制自己那几秒钟，而不是完全被冲动左右，这就是一个积极的角度。

帮助孩子用全新的方式感受自我

父母可以为孩子的认知创造微小的改变机会，在此前的消极自我认知或局限性自我认知上凿出一条小小的裂缝，通过这一裂缝去发现全新自我。例如，可以让一个从未表现出任何演讲意向的孩子去做一分钟的演讲。这个要求可能会让他们感到惊讶，因为他们从没想过自己可以做演讲。接下来，通过哪怕只有一分钟的演讲，他们会发现自己也有能力和责任心，然后相信自己能够胜任这一全新角色。

每个孩子本性都是善良的，都有潜能，为其提供相应的体验机会，让他们去察觉、感知自己美好的内在，当这两点结合起来后，孩子就能感知到一个更美好的自我。

我的大儿子托马斯现已成年。他是一位非常善良、热心且充满热情的年轻人。我写这本书时，他正在欧洲读心理学硕士，专业是学习科学。他心胸宽广、性格温和，喜欢和孩子打交道。

时光倒流到 22 年前，那时托马斯才 4 岁。有一天，我带着他和他妹妹出去散步。天刚刚下过雪，我们走过一座房子，发现房子前面的草坪上堆了一个非常漂亮的雪人。托马斯径直走到那个雪人跟前，一拳头砸在雪人的头上。这座房子的女主人打开门冲我吼道："你孩子有毛病啊？我们花了一上午的时间才堆好那个雪人，看看我几个女儿都伤心成什么样了！好好管管你儿子！"

听到这些话，我的眼泪直在眼眶里打转。我很伤心，难道我的孩子真的有问题吗？那段时间托马斯确实表现出了很强的攻击性。看到他这个样子，我真不知道该如何是好。那时我刚刚和他的爸爸分开不久，我们还不停地搬家。他的世界完全被打乱了，因此心中满是沮丧，并将这种沮丧通过行为清楚地表现了出来。

当时的我也遇到了很多不如意之事，处于极度的悲伤、痛苦之中。我努力让自己在面对他的时候保持冷静和温柔。但我知道我一定忽略了什么。我很担心，我的孩子会是"坏"孩子吗？我的孩子会成为不良少年吗？我知道这听起来有些夸张，但对当时的我而言，却是个非常认真严肃的问题。我从未见过我的孩子这副模样，曾经可爱乖巧的小男孩仿佛变了一个人，我真的很害怕。

出于害怕，我开始区别对待他。我要纠正他这种行为，把他从"坏"孩子的边缘拉回来。我开始不断地提醒他要注意自己的言行举止，甚至在他还没做什么坏事的时候，就开始不停地唠叨他。当然，这么做根本一点用也没有，他的攻击性行为反而愈加频繁。

我感觉自己某个地方疏忽了，却不知道在哪里。我既没有吼他，也没有苛责他，我只是一遍又一遍地提醒他要注意言行、攻击性不要总是那么强。后来我慢慢意识到，也许被我忽视的地方就是我自己，是我的所作所为让他变得更糟糕。

不知所措的我开始写日记，每天晚上孩子们上床睡觉之后就是我的日记时间，就这样，我写了很多个晚上。在这段艰难的岁月里，我经常边写边哭，写日记让我完全打开了心扉。每天晚上，我都会写下我心中的希望与担忧，反思自己的育儿方式，写下我对儿女们的期望。我一直保留着这些日记，写这本书的时候，我又把所有日记重读了一遍，重温了那段时间的挣扎和想法。我读得很艰难，但是看到过去的我一步步打开心扉、豁然开朗的过程，我又明白了许多事情。我把其中一篇日记一字不动地写在了下面：

托马斯现在的情况可以说是错综复杂：他的内心敏感脆弱，需要我的陪伴和关爱，他情绪不稳定，和他相处时要小心翼翼。他的攻击性让我应付得十分吃力，我明白，我需要透过他粗鲁无礼的行为，看到他内心的真正想法。我要看透眼前的一切。我要给他安全感。我想，他现在之所以有进攻性，可能就是因为缺乏安全感。要尊重他，爱他。要透过表象，不要用成年人的期待去看待他的问题。不要说教。

要做一个坚强、温柔的母亲。愿我能毫无保留地去爱他。

读自己以前的日记很有趣，从中能看到我一步步找到帮助托马斯的方法的心路历程。有天晚上我正在写日记，突然间灵光一闪，我意识到不断提醒托马斯不要做坏事就是在暗示我希望他做坏事，他后面的表现也印证了这一点。我是在教他要用那种眼光去看待自己。认识到这一点之后，我非常痛苦。原来一切都是我的错，为此我哭了好久。那天晚上我做了一个决定：再也不要出于害怕而去管教孩子。我要想象他很棒，尤其是在他表现不好的时候。

我想象着，我儿子将来能成为一个什么样的人；我想象着他是一个优秀、善良的年轻人，而我要养育的就是这样一个人。如果他做错了事或者惹了麻烦，我会帮他解决，但我不会担心，不会失望，因为我从内心深处认定他是一个很棒的人。

从这一全新起点出发，我踏上了接下来的育儿之路。当托马斯搞砸了事情或者出现攻击行为时，我不再害怕或担心；相反，我认为这一时刻虽然艰难但最终都会过去。我们总会渡过这一关，因为问题只是一时的，而暂时的问题并不能代表他是谁。我知道他会成为一个了不起的人。有此信念之后，我悬着的心终于放了下来，不再阻止他去表达沮丧，而他也明白了，无论他什么样，我都不介意。

接下来托马斯的转变令人难以置信，绅士托马斯终于又回来了，而且他转变的速度非常快。有件事我一想起来还是心痛：托马斯并不是从不善良、充满攻击性变得善良、没有攻击性的，他原本就是我见过的最可爱、最温柔的孩子。他只是因为家庭发生变故而经历了一段艰难的时期，在遭受了这么多打击之后想发泄情绪。他还没有适应那些变故。

是我让他陷入这种状态之中，我没有全面地去看待他的过去与未来，而是仅仅依据眼前所见来看他。一想到如果我没有转变自己的思维事情会怎样发展，我就后怕不已。如果我没改变怎么办？我眼前这个杰出的年轻人是不是就不会出现了？

我深爱着我的儿子，是这份爱让我追根究底，并让我明白，对于他不断升级的攻击性行为，我有着不可推卸的责任。我是一名教育工作者，在面对孩子时，我要把他们每个人都想象成很棒的孩子，不管要付出什么代价。我要把最令人恼火的孩子想象成未来的总理或诺贝尔奖获得者。我要看到问题孩子身上的美好，同时也让他们感受到自己的美好。我要做他们的眼睛。我要越过孩子们的抗拒或不礼貌去深入了解他们的内心。我要想象着,他们是我教过的最优秀的孩子。我要坚信,他们本来就是这么优秀,我只是还没有发现而已。

只有把孩子想象成他们最好的模样,才能以完美的状态教育孩子。要坚信每个孩子都有闪光点。这种方法会改变我们的教育方式,转变我们对待暂时陷入问题行为或角色的孩子的态度。为了帮助他们改变消极的自我认知,我们要坚信他们不只是我们看到的那样,他们有很多不为我们所知的优点。

问题是,我很幸运,我了解表现出攻击性之前的托马斯,我已经知道他的另外一面是什么样。但是作为教育工作者,我们不一定有机会去了解、发现孩子的另外一面。我们知道的是,这个孩子肯定不是一直这样。没有哪个孩子生下来就是坏孩子,也没有哪个孩子会坏到无可救药。所谓的问题孩子可能是经历了某个正常的心理发展阶段,但没有跳脱出那个阶段所扮演的角色。或者他是个极度敏感的孩子,被忙碌紧张的生活压得喘不过气来。又或者,他的生活环境极端艰苦,而他尚未适应与培养出强大的内心。

第4章

如何纠正孩子的问题行为，又在情感上不伤害他们

始终在情感上支持孩子

当孩子出现不良行为时，反复强调他们做错了事，只会激起他们的抗拒心理，而和孩子站在一边，对他们的感受表示理解，效果反而更好。换言之，我们要在情感上与他们站在一边。

想象一下，与你关系较好的某个人（你的伙伴、朋友、家人等）看到你和邻居在吵架，然后走到你身边对你说"我对你太失望了。你应该克制一下自己的脾气"。听到他这么说，你可能会本能地为自己辩解："我试过了！你都没听见他刚跟我说了什么！你没发现他都没听我说话吗？他那么刻薄！你从来都

不站在我这边！"但是，如果这个人走到你身边，温柔地跟你说"你肯定很生气吧"，你的态度马上就会不一样。听到对方这么说，你会觉得对方没有批评或埋怨你，他在理解你，你会去反思自己刚刚"应该"怎么做才对。

同理，从情感上支持孩子，不仅能纠正他们的问题行为，还能巩固和保护你们之间的关系。让孩子知道，我们明白他们的感受，无须对抗，只需认同。我们的共情，能让孩子真正明白自己的问题所在。

如果有一些事情是孩子不想做的，也可以采取这种方式让孩子接受：不要犹豫、不要强迫，而是站在孩子的角度，对他们的失望或沮丧表示理解，在理解中帮助他们完成这件事："我知道你现在不想做这些数学题。每个人都不愿做自己不想做的事，洗衣服对我来说就是这样。强迫自己做不喜欢的事情，的确很痛苦，我完全理解这种感受。"

当你和孩子站在一边，通常不会遭到他们的反抗，因为没有什么好反抗的。他们能感觉到你是站在他们这边，而不是他们的对立面。这时，他们会深吸一口气，然后把要做的事情做了。因为你理解他们的心声，你明白他们，在和他们一起面对问题。

帮助孩子发现自己善意的一面

从我自己的工作经历来看，帮助孩子发现自己善意的一面，对解决问题行为非常有效。它能改变孩子对自己的看法，帮他们跳出自己的负面情绪。

想象一下：苏西故意把伊娃撞倒了。相比责骂苏西（"你是故意的！现在立马跟伊娃道歉，以后再也不许这么做了！"），帮助苏西去寻找自己善意的一面，效果可能会更好。比如我们可以先把苏西带到一个安静的地方，不去羞辱她，而是跟她说："我知道，不能马上玩到自己喜欢的玩具肯定很伤心，但你是个善良又有爱心的小女孩儿，你刚才把伊娃撞倒了，不过没关系，我们去看一下伊娃有没有受伤。我们一起去。"在这里，我们没有略过苏西是故意撞倒伊娃这个事实，但在她承认后我们选择尽力去帮助苏西发现自己友好的一面，希望苏西慢慢能够独立感知自己内心的善意并依从自己的善意行事。

另外，帮助孩子发现并感知自己的善意时，一定要用支持性和鼓励性的话语。即便孩子反复在同一个问题上犯错，也是如此："你能做到的，你的心里有这么多美好的愿望，我知道你不是故意的。我看到你努力了，你会做到的，我相信你。"这种做法可能与我们平时的处理方式相反。当孩子"把事情搞砸"时，人们的常规反应是生气，然后责怪、惩罚或者质问他们为什么要这么做。但如果我们仍能以鼓励的态度对待孩子，就能帮助孩子朝着善意的方面改变。

当然，这并不意味着不需要管教或纠正问题行为。不同的情况，需要采取不同的纠正措施。孩子需要知道什么可以做、什么不可以做，而且只要做了，就要承担后果。但是，除了管教，越多地帮助孩子发现善意的一面，他们认识自身善意的能力就会越强，对自身善意的认同就越深，做出相应善意行为的可能性也就越大。

有时候，利用孩子的善意要比惩罚孩子有效得多。与其教训孩子，不如帮助他们发现自身的善意，激发他们依靠内驱力做出改变。

不要惩罚行为出错的孩子，这种观点听起来也许比较新颖，但它非常有效。它能帮助孩子做出真正的改变，不是因为害怕承担后果收敛自己的行为，而是出于真正的意愿。它不会损害，而是会稳固你与孩子的关系。

我们来看一个真实的故事。

斯蒂芬妮在公立学校读到了三年级，因为各种行为问题被学校约谈。她的父母决定让她上私立学校，希望小班教学模式和可控的环境能改变她的不良社会行为。

之前学校的成绩单显示，她的行为问题主要是用尖酸刻薄的语言评论其他同学，有时甚至故意推别人、扰乱课堂纪律等。父母尝试了很多种办法试图改变她的行为，但都以失败告终。

三年后，斯蒂芬妮的行为问题仍然很严重。同学抱怨她，经常有家长打电话跟老师反馈斯蒂芬妮对自己的孩子很不友好。但是，所有这些行为都被斯蒂芬妮解释为"误会"。例如，她是被"绊了一跤"摔倒在别人身上,而不是故意推他们。斯蒂芬妮非常聪明,她所有的作业都完成得非常漂亮,而且她从不大声说话,也没有出现明显的身体攻击行为。

其他同学都不想和她坐在一起,但他们不敢跟她说,只能私下告诉老师。在课堂讨论活动上,老师组织同学们探讨了如何处理被别人说坏话的问题,鼓励孩子说出"那样不友好",试图通过这种方式告诉斯蒂芬妮这些行为是不友好的,希望她会有所改变。结果一点用也没有。

后来,斯蒂芬妮的父母找到了我们。经过多次讨论并尝试从多个角度看待问题后,我们决定把斯蒂芬妮当成好孩子看待,并向她传达"她是善良的"这一信息。每当斯蒂芬妮说出不友好或刻薄的话时,我们就会说一些类似"斯蒂芬妮,这可不像你。你今天一定很累吧"的话。我们明确地告诉她,我们喜欢她,她是一个待人友好、思虑周全的好孩子。

我们和斯蒂芬妮的老师、父母和学校辅导员讨论了这个计划。尽管大家一开始都对此持怀疑态度,但我们还是决定尝试一下。刚开始时,计划执行得很艰难,因为所有人,包括其他同学,都已经习惯把斯蒂芬妮看作问题孩子了。老实说,其实一直都很难,因为她的行为确实让人觉得很冒犯。

但我们说好了要支持她。当她表现不好时,所有老师都会温和而明确地说出:这不"像"她。一开始,斯蒂芬妮似乎有些困惑,其他同学也是,但我们坚持这么做。我们还让她承担起了一些责任,同时,这意味着要放她离开教室,平时我们可不会这样冒险。我们把她当作一个思虑周全的孩子。

　　试验了一段时间后，结果简直就是个奇迹！她不再像以前那样随口说出刻薄的话了，以前的她可是每天要说好多次。有一次，她对一个同学极其不友好，我私下找她谈话："这一点都不像你。你今天一定过得很糟糕吧……"令我惊讶的是，斯蒂芬妮没有像往常一样矢口否认，而是说道："我知道，我很抱歉，我会立刻亲自跟杰西卡道歉。她一定很难过。"三年来，这是她第一次这么容易承认了自己的错误并提出了解决方案。两周后，其他孩子也来找我，他们跟我说斯蒂芬妮完全变了。大家开始想和她交朋友，而她也不再扰乱课堂纪律了。

　　三四周后，她彻底换了一个人。现在才过了一年多，那些问题早已成了遥远的记忆。"全新的斯蒂芬妮"完全融入到了班级当中，成了一个助人为乐、受人欢迎的好孩子。她受邀去参加别人的生日派对，孩子们也愿意和她坐在一起了。某一天过得不太顺利时，虽然她还会有不礼貌的表现，但总体来说，她已经变成了一个善良友好的人。

　　能以如此之快的速度促成这一变化，要归功于父母、老师和学校辅导员对该项计划的配合。我们看到的是，只要耐心帮助孩子发现并认识自身善意的一面，就能出现令人难以置信的转变。

　　要改变孩子最严重的问题，我们就必须深入自己的内心，去寻找那个能发现美的"恩典之地"。最难管教的孩子最需要这份恩典。因为这意味着，我们需要一遍又一遍地告诉孩子他们是友好的，意味着我们要记住，他们种种恶劣、无礼、令人恼火的行为背后往往是他们不知道如何控制的强烈情感，意味着我们要谨记作为养育者和教育者的初衷：不只是为了教导听话的孩子，更是为孩子提供成长的沃土。

管教后，重新搭桥修复关系

孩子被我们管教时，会担心我们不再喜欢他们，会觉得自己是坏孩子，然后慢慢疏远我们。所以，无论何时管教孩子，都要确保能给他们足够的安全感。我们需要架起一座桥梁，通过这座桥梁，他们可以重新找到回归关系之路。

当孩子出现了行为问题不得不纠正时，我们需要有意识地重新与之建立联系，即搭桥。这座桥梁对维系关系十分重要，能确保做错事受到管教的孩子不与我们疏远。没有这座桥，孩子就会觉得自己被晾在一边，与我们隔开了。我们必须向他表明，虽然我们告诉他"不可以这样！"，不让他做某事或者用另外的方式管教他，但这不影响我们之间的关系。他需要知道，我们仍然喜欢他，仍然觉得他是个好孩子。我们甚至都不用大声说出这些，只需给他一个拥抱，就足以让他知道我们的关系还是很好，我们还是喜欢他，并没有觉得他是"坏"孩子。

对父母来说，要特别注意犯了严重错误的孩子。很多时候，我们会对孩子说一些让他们感觉不受欢迎的话："好吧，我希望你能吸取教训，以后不要再那样做了。我会看着你的。"

但是，这种做法只会加剧孩子的问题行为。若想让孩子以后不再犯同样的错误，我们就要告诉他们：我很喜欢你，看到你我很高兴。我们要给他们机会去改变。我们可以对孩子说："你现在可能有点生气。虽然你的确做了一些不好的事情，但是现在都过去了。我知道你其实是个很好的孩子，我想告诉你，我依然爱你。"相比说些教训的话，这类有助于弥合关系的沟通能为他们创造更多的成长空间。还有一些父母，会事后拥抱孩子，这是告诉孩子父母从心底里关心他们，如此才有可能让孩子坚硬的心变得柔软，让他们的行为发生改变。

这样做并不是在奖励孩子的错误，而是因为我们认识到：为了改变这个孩子而设法拉近关系，孩子才更有可能实现真正的改变。

私下纠正孩子的行为

选择私下而不是当众纠正孩子的问题行为，对维系亲子关系有着巨大的影响。

假设你参加了一个派对。你站着和一群人聊天，其间你说了一些冒犯伴侣的话。于是，他当着所有人的面冲你发火并指出你的不对。虽然其他人这个时候会尽量不盯着你们看，但其实所有人都很不自在。

而你，出于各种原因，会觉得心里难受：第一，你无意中惹恼了你的伴侣；第二，你觉得很丢人——你不仅伤到了你的伴侣，其他人还把你当成是"坏人"。最重要的是，现在你会反过来生伴侣的气，因为他当众指责你——而你一开始并没有恶意。

现在再来假设另一种略有不同的场景。你和伴侣一起去参加派对，派对上你说了一些让伴侣生气的话。你并没有意识到这个问题，但是你的伴侣却很难过。当你俩单独在一起时，对方告诉你你让他伤心了。这是只属于你们两个的私密谈话。这时，虽然你还是会因为惹恼了伴侣而觉得不安，但你能够静下心来听对方说话，因为你不觉得对方是在批评你。你不会觉得丢人或尴尬。离开派对时，你对伴侣的喜欢一分未少，你们的感情甚至会更好。

当着众人的面去纠正一个孩子的错误，就像当众揭露伴侣的不对，极有可能会伤害彼此的关系。当众管教会让孩子觉得非常丢人。这种丢人的经历会让许多孩子对我们关闭心门，变得不愿意、不太可能听我们说话。长期来看，这样做完全背离了纠正孩子问题行为的初衷。

此外，当众管教孩子会使你和孩子之间形成一种新的权力格局，令孩子更难应对。我们和孩子之间的关系并不平等，正如我们与伴侣的关系一样。在亲子关系中，我们本来占有主导地位，拥有比孩子更多的话语权。当众管教孩子，会给孩子带来羞耻感和恐惧感，他们更加不知道如何解释自己为何要那样做，未来也更加不敢靠近我们。这种交流会让关系变得紧张，令原本就很难管教的孩子变得更加麻木,甚至会更加抗拒我们,更不愿意听我们的话。

当然,我们也不必因此担心纠正他们的问题会伤害到他们。纠正孩子问题的行为本身并没有错,这是我们作为养育者和教育者的工作。但是一定要记住,孩子与我们的关系也很重要。引发羞愧感不会让孩子变好,反而可能使孩子的表现越来越糟糕。

因此,纠正孩子的错误时一定要小心谨慎,要让孩子知道这场谈话只有你和他参与。对于年纪较小的孩子,最好把他们带到一个安静的角落里,然后弯下腰来跟他们说话,和他们进行眼神交流,而不是高高在上。对于年纪较大的孩子,可以选择在事后找他们谈话,如果我们觉得问题需要当下解决,可以走到他们身边,小声纠正他们的行为。

如果一定要当着其他人的面纠正孩子的问题,我们应当以尊重他们的方式进行,没有讽刺,没有羞辱。

假设你的孩子简正在乱扔积木。由于随时可能伤及别人,你根本没时间走到她身边小声制止她这一行为。于是,你立即用坚定的语气跟她说道:"简,把积木放下。我们不能乱扔积木,不然会伤到人或者砸坏东西。"等你说完这些话,我想,你就已经走到她身边了。接下来,你会从简手里拿走积木,然后让她去玩别的游戏:"简,现在不能玩积木了。你可以去玩会儿木偶或者画画。"

这时,孩子比较常见的反应就是抗议,并且她也许会这样说:"我会停下来的!我再也不乱扔积木了,我保证!"她可能真的想停下来——这是件好事，她的内驱力开始发挥作用，促使她听从指令。同时，你要知道简现在能做到什么、不能做到什么，然后发挥自己的引导作用，引导她去做她能做到的事。因此，若你知道她现在做不到（即使她希望做到），你就必须坚持："简，我很高兴你下次会记得不要扔积木了。我相信你，希望下次你玩积木的时候能够看到这一点。但是现在，你要暂时放下积木，去玩其他游戏了。"

目标明确，态度友好，语气坚定。

让简去玩其他游戏并不是在惩罚她，而是承认她暂时还没有能力用一种安全的方式去玩积木。因此，你引导她参与到新的活动中去。虽然这种处理方式仍不够理想，但至少你是在用尊重的方式来纠正她的问题。

此外，无论是私下处理还是当众友好处理，都要传达一点：我们允许他们犯错。一旦出现问题，我们会想办法处理而不是"让他们崩溃"，我们会努力维护孩子的安全感。

孩子的大多数问题行为都源于焦虑，所以如果我们具备创造情绪安全感的能力，并且即使遇到问题也仍能保持这一能力，就能为他们营造更加轻松的氛围。孩子的安全感越强，好奇心、创造力、学习动力也就越强。

常 见 问 题

Reclaiming Our Students

第二部分

最重要的不是你看了什么，

而是你看到了什么。

—— 亨利·大卫·梭罗

（Henry David Thoreau）

第5章

焦 虑

每个人都经历过某种程度的焦虑。

焦虑不仅很正常，它还能告诉我们一些事情。对很多人来说，焦虑并不会妨碍生活，只是偶尔会让生活变得艰难。但对有些人来说，焦虑却可能是毁灭性的，会影响到他们生活的方方面面，比如强迫症患者、每天都处在恐慌中的人。但是，如果去聆听焦虑传达的信息，去感受身体向我们发出的这些警报信号，而不是为焦虑而焦虑，我们看待问题的方式也许会发生改变。

孩子焦虑通常有几种表现，在以下几个例子中，你可能会找到你家孩子的影子。

苏菲在自己感觉舒服的环境中表现得都很好。家里的她颇有领导风范。然而到了学校之后,她的气势被其他同学压了下去,她总是处于撤退状态。在家一向很有主见的她,却从来不敢在课堂上举手回答问题;非常喜欢和家人参加户外活动的她,却从不在课间休息或午饭时间出去;经常有人看到苏菲在咬自己的头发、指甲或衣袖。她一出现,你就能立马感受到她的焦虑。

或者是像布雷迪一样的孩子。

布雷迪好像一直活在焦虑之中,每次都是带着焦虑去上学。他经常说自己肚子痛,也因此经常缺课。你怀疑是他家里出了什么事,但又没听他说过。实际上,布雷迪几乎不说话,也不愿意参加任何活动。

接下来是幽默风趣的孩子,下面这种场景你可能会觉得似曾相识。

老师要班上的所有同学都做一次口头读书报告。下面轮到贾马尔给全班做报告了。他一边往讲台走,一边不停地讲笑话,到了讲台上后,他打了一个又长又响的嗝儿,引得全班人都大笑起来。然后,贾马尔开始做报告,他模仿机器人的声音说话,并用这种声音做完了报告。报告结束后,他一遍又一遍地鞠躬,还把他的棒球帽拿在手里对大家说"谢谢大家!小费放在帽子里就行！"，同学们哄堂大笑。

焦虑也许有很多不同的形式，但不同的焦虑背后都是同样的不安。焦虑的孩子难以集中注意力，没办法专心做事、写作业，也不能很好地参与活动。有焦虑在，孩子的学习也困难重重。

焦虑背后的真正原因是什么

有些孩子在学校是因为想家而焦虑，尤其是年纪小的孩子。对他们来说，离家一整天实在是太久了。不过，一些年龄较大的孩子也会有这个问题，他们想念在家时的安心和舒适，想念他们的爸爸妈妈或爷爷奶奶，想念平时负责照顾他们、代表着"家"的任何人。苏菲可能就是这种情况，她之所以咬头发或咬指甲，就是为了寻求安慰，缓解自己的焦虑。一个孩子离开自己的家，离开熟悉并感到自在的环境太久，他内心的警铃就会响起，表现出各种焦虑行为。

不过，有些孩子的情况可能正好相反。对某些孩子来说，家并不是一个能让他们安心休息和成长的地方，而是充满了冲突和恐惧。布雷迪就是这样，他总是带着满心的恐惧来上学。他内心的警铃一直在响，学校也许是能让他关掉警报并感到安全的最佳场所，或者至少在他再次卷入暴风雨之前，学校能给他一点喘息的机会。

那么，我们的"班级小丑"贾马尔又是怎么回事？他经常开玩笑，还故意装傻，看起来并不焦虑。然而，贾马尔在某种场合越是不自在，他的声音就越大，表现就越可笑。也许是怕答错了显得自己笨，也许是渴望融入大家，得到同学们的认可。也许，贾马尔不被家人重视，所以他非常希望获得别人的认可。

我们不是每次都能知道孩子为什么会焦虑、焦虑背后隐藏了什么原因，但触发孩子内心警铃的潜在原因都有一点：他们不能做自己。苏菲在学校缺乏安全感，布雷迪不敢在学校或家里表现出任何情绪，而贾马尔则是用滑稽表演掩盖真实的自己。

其实，我们不必知道焦虑的确切诱因，但可以为焦虑的孩子创造安全感。他们体内的警钟需要在足够长的时间里保持安静，以便给身体的其他功能留出运行空间。若一个人体内的警钟持续响起，他就无法吸收外界的任何东西，消化食物是如此，学习知识也是如此。

例如，你正在集中精力读一本书时，体内的警报声响起，这时你全身的精力都开始用于追踪敲响警钟的危险源头，同一个句子读了一遍又一遍，却怎么也不得要领。你的心率会加快，更多的血液被送入肌肉组织，以便随时准备行动，你的情绪开始表现得焦虑不安。同时，消化系统也放慢了速度，因为警钟响起时，消化食物就不再是人体的首要任务。而且如果吃东西，还可能会导致胃痛。其实在警钟响起时，我们甚至都感觉不出是饥还是饱，根本没办法准确判断自己的食欲。人的感觉是对身体内部情况的反馈，但当警钟响起时，这些感觉就不再是人体优先要处理的事项。压力会激发人的各种情绪，但处于压力之下的我们对此几乎毫无感觉。

让我们花点时间来了解一下情绪（emotion）和感觉（feeling）。情绪包含本能的成分，即人们意识到或意识不到的一种心理活动。当我们意识到自己的情绪时，就能感觉到它。每个人的身体里都有一套不可思议的内部反馈系统，它能告诉我们体内发生了哪些生理或心理活动。然而，如果反应过度，例如警钟持续太久，就会出现：情绪客观存在，但感觉却被抑制。我们会觉得"不在状态"，但却不知道为什么。

我们的情绪较多，而感觉较少。我们不知道发生了什么，不知道因何缘由就激起了各种情绪。有时，我们依稀能够感受到体内响起的警报——一种隐隐的不安、担心或焦虑。有时我们明明什么也没有感觉到，身体也仍然表现出警报被激活的信号——不安、烦躁、冲动。虽然我们没办法每次都准确地知道警报来自哪里，但是身体会告诉我们它的存在。警报解除后，我们体内的各个系统就会回归正常：肌肉放松，心率下降，消化系统也开始正常工作。不仅如此，大脑也重获解放，我们不用再集中精力去寻找威胁我们安全的因素，而是又能关注其他事情了。然后，我们的感觉也恢复正常。我们可以说出我们的感觉了：累了、饿了、饱了、难过、开心等等。

为了解除警报，大脑需要收到警报解除的信号："现在安全了！"安全到可以说出自己的想法，可以举手回答问题，敢于承认我们不了解的事。那么，这种安全感来自哪里？

和"自己人"在一起时，我们会感到安全。"自己人"是指和他们在一起，我们感到很自在、很舒服的人，还有我们觉得能够理解自己的人。有了安全感，我们就能做自己。我们不再羞涩，也敢于发言，我们能够自由接收外界的信息，并将其吸收转化为自己的知识。

我女儿小时候特别害羞。对她来说，除了"自己人"，跟其他任何人说话都会不舒服。每次送她上学，快到大门口的时候，她都会躲在我后面。她的校长 B 先生，亲自在正门迎接每个来上学的孩子。他注意到我女儿很紧张，于是，他为自己制订了一个目标——逗她笑。他把为我女儿创造安全感当成了自己的工作。知道我女儿是爱尔兰人后，B 先生在她走近的时候跳起了爱尔兰的吉格舞。他每天早上都这么做，直到有一天我女儿情不自禁地笑了出来，然后从我后面走出来向他问好。他让我女儿感到安全，借此和她拉近了关系，让她能带着一种不那么紧张、不那么焦虑的心情走进校园。后来，我女儿很愿意和老师交流，也更愿意学习了。

遗憾的是，不是每所学校都能给人安全感。孩子们的情绪安全感不应该由孩子自己负责。他们的心理尚不成熟，且缺乏判断力，更没有克制冲动的能力。要给某个人安全感，就要考虑到其他人的需求，这件事即便是成年人也很难做到。孩子的心理尚未成熟，因此只能考虑到其中一方，即他们自己或另外一人的需求，却没办法兼顾。

只有情绪成熟的人，才能为了照顾其他人的感受克制自己，控制自己不说出内心的真正感受（如不耐烦或失望）。我们需要知道自己在他人眼中是什么样的形象，确保自己不会做出有辱他人的行为。这一点，对儿童和青少年来说要求过高，即便他们本性善良也无济于事。所以，需要作为养育者和教育者的成年人来帮助他们。

当下需要怎么做

我们对焦虑的孩子做何反应，取决于这个孩子是否意识到或是否积极地向我们表达了他们的焦虑。

将警报"正常化"

有时，父母对焦虑的过度反应反而会让孩子更加紧张。例如，他们焦虑时，如果父母表现得心神不宁，孩子就会更加焦灼不安。相反，如果父母能够用简单的话语，向他们解释正在发生的事情，反而会让他们将焦虑看作一件正常的事。比如类似下面的话：

不要担心，那是你身体里面的警报系统在正常工作——这可是件好事！你现在的感觉可能不那么好，那是身体在向你发出信号，我们的身体是不是非常神奇？有些人的警报系统就不太正常，情况不对劲的时候他们也感觉不到。所以说，虽然你现在感觉不太好，但说明你的身体非常正常。你会慢慢好起来的，我会在你身边帮助你。

然后，你可以根据具体情况再把焦虑正常化。例如：

每个人都会时不时地感到焦虑，这很正常，尤其是现在的生活这么忙碌！焦虑就是你的身体在向你传递信息，告诉你你的身体系统出问题了，健康的身体才有这个功能。

如果是年龄较大的青少年，可以建议他们找个时间静一静，待心绪平静后，他们就能感受到身体要传达的信息。因为答案其实非常简单，只是因为大脑一直高速运转，思维有些停滞才出现问题。他们只需画会儿画、写点东西、到大自然中走走、和家人聊会儿天或做点其他事情把头脑清空，就可以解除警报。

当孩子的焦虑情绪特别严重时，说明他们自己无法很好地应对，需要外界提供帮助。这时就可以跟孩子聊聊天，让他们放松下来。

给孩子足够的安全感

无论是孩子明确告诉我们，还是我们自己发现，当孩子感到焦虑时，我们需要做的一点是给孩子足够的安全感。

给孩子足够的安全感，就是用行动告诉孩子我们有能力解决这个问题。例如,当飞机遇到气流后,飞行员需要给乘客一种自信、一切尽在掌握之中的感觉,这样才能为乘客带来安全感。同样,孩子感到焦虑时,最需要的就是更多的安全感,知道有人在指引他们。这时,我们保持冷静,就能让孩子相信自己有坚实的后盾,才能有帮助他们的基础。

发现孩子焦虑时,大多数人的第一反应是问孩子需要什么或想要什么,因为这样才能满足他们的需求。这种做法的出发点很好,但问题是孩子身体的感知功能已经被抑制,通常他们自己也不知道那一刻需要什么。而且,对于不在状态的人来说,依靠能给他们莫大的安慰。因此,要减轻孩子的焦虑情绪,当下最有效的做法就是给孩子信心。只有这样,孩子才能安心做自己,因为他们知道自己有坚实的后盾可以依靠,有人会指引他们。

这种做法是以孩子为中心,但不是让孩子自己引导自己,做引导的仍然是我们父母。我们需要给焦虑的孩子温暖和力量,让他们感到安全。我们可以用温暖友好的方式给出指导,如"你可以先喝杯水,然后再来找我"。

当然,孩子需要的并不一定是喝水,也可以是伸伸腿、给植物浇水、坐在你旁边,等等。重要的是要解读你面前这个孩子的需求,然后在那一刻提出合适的建议帮助他们。

不要特意强调孩子的问题是源于焦虑

对像贾马尔一样故意强装可笑的孩子,在当时进行回应不是明智之举。"贾马尔,做班级小丑其实体现了你内心的恐惧,而非强大。"——这种话会严重打击他的安全感,而且很可能会使他插科打诨的行为变本加厉。

在那一刻,我们可能需要耐心,用幽默的方式与他进行沟通,用不让贾马尔难堪的方式让大家收起笑声:"跟我想的不太一样,贾马尔。不过还是谢谢你,你现在可以坐下了。"

有时,我们要清楚地指出孩子的不对。明确告诉孩子能做什么、不能做什么,这点对他们而言非常重要,他们需要依靠这种明确的引导让自己做到最好。对贾马尔来说,告诉他他的做法跟我们的不一样,并不会让他难堪,因为他会明白他是在犯傻,而且有些过分了。但是,如果跟他说做班级小丑其实是紧张或焦虑的表现,则有可能会让他难堪,导致问题恶化。虽然类似的行为很惹人恼火,但我们要始终记得,"扮演小丑的孩子其实很没有安全感"。这么一想,我们就能多一些耐心。

适时推孩子一把

有时,孩子们可能会因为焦虑而无法去做他们非常想做的事情。他们需要别人帮他们看到:越过这只"拦路虎"后就能拿到宝藏。

有一次,我女儿想在 4H 俱乐部演讲。但这个"想演讲"只是她的一个"自我",她的另一个"自我"则是一想到要当着那么多人的面讲话就害怕。这种情况很正常,公众演讲确实很考验胆量,成年人也会感到害怕。我其实对她充满了信心,觉得她有能力做好这件事，而且我知道她内心深处很渴望做这件事。她只是需要一点帮助，让她有勇气去面对她的"拦路虎"（她的害怕心理），这样她才能拿到她的"宝藏"（实现她的目标）。

不过，我们不能假装"拦路虎"不存在。恐惧无法掩藏，也没法经我们解释后自行消失（尽管这是很多父母用心良苦在做的事情）。焦虑不是按那种方式运作的。如果我们试图去掩盖它，那它只会从另外一个地方冒出来，或者发展成身体某个部位的疾病。

因此，我们要为恐惧让路——要去倾听它、承认它，接受它是正常的。"是的，有道理。当然，对这件事感到紧张是完全正常的。我能想象，那种害怕就像是你要被整个地球吞没了。"

但话不能到此为止，还要补充说一下"宝藏"部分。"但我也知道，这件事对你而言很重要。你有很多重要的东西想要跟大家分享。能向大家证明你可以做到这件事，感觉一定很棒！"这些话没有立马见效。我反复讲了很多次——先是"拦路虎"，然后是"宝藏"，最后再说回"拦路虎"（必要时会重复强调）——然后她才把所有因素互相联系起来。

既怕拦路虎，又想要宝藏……这就是勇气大展身手的时刻。勇敢的人不是没有恐惧或焦虑，而是承认恐惧，即使害怕也要去做。只有当他们真正感受到自己的焦虑，感受到自己非常想要"拦路虎"后面的"宝藏"时，他们才有勇气。

我女儿最终去做了那次演讲。她用非常快的语速读完了演讲稿，然后一路小跑到自己的座位坐下——她确实做到了！而且在之后的日子里，她对公众演讲越来越得心应手。

平时需要怎么做

放慢脚步

为了处理好所有的事情，成年人的日程里塞满了各种项目和活动，不给自己留下一丝喘息的空间。我们过度工作，牺牲睡眠时间去"把事情做完"，结果就是问题层出不穷，比如慢性胃痛、头痛或失眠。在这样的氛围中，我们的孩子也被卷入其中。很多孩子在放学后还要参加各种活动，有时候连吃饭都是在车上完成。他们缺乏用餐的安全感，没法在吃饭的时候与人舒服地聊天。他们的消化系统不断地被追赶，身体的警报响起，焦虑情绪频繁出现。

此刻，放慢脚步是把警报控制在可控水平的关键所在。大自然拥有一种神奇的力量，它能给予我们所需的呼吸空间，平衡我们的心绪，让我们充满生机，感受鲜活的人生。带孩子走进大自然，或者把大自然搬进家里或教室，绿植、鱼缸等等都能够放慢忙碌的节奏，让我们的心灵获得休憩和思索的空间。

佛洛伦斯·威廉姆斯在 2018 年出版的《自然修复》(*The Nature Fix*)一书中指出，大自然在缓解焦虑、帮助人们集中注意力以及激活人的学习系统等方面具有重要作用，而且大自然对于人类的认知能力、社交健康和情绪健康也有很大的影响。早在 2005 年，理查德·洛夫在其所著的《林间最后的小孩》(*Last Child in the Woods*) 一书中也谈到了大自然在孩子生活中的重要性。

因此，为了孩子的情绪健康，我们可以放慢脚步，带孩子走进大自然，感受自然的力量。

为孩子提供更多的探索机会

尽量给孩子"自由"，允许孩子犯错，允许不同的存在。不用去营造"绝对正确的"氛围，而要创造人人都觉得安全、愿意奉献和参与的环境。

为了给孩子创造情绪安全感，有一种方法是用探索模式开展学习过程。探索模式能为孩子插上自由飞翔的翅膀，给他们以探索发现的空间，并用更具包容性的态度对待其成果。相比之下，生产模式关注的则是结果。生产模式就是要把事情做完、做对。在生产模式下，每次开始做事前，我们都已经设定好了目标或有了正确答案，而且我们全程都在关注那个目标和结果。

父母要允许孩子犯错，这样孩子才敢于自由冒险、尝试新事物、表达自己的观点，才能在做这些事情时仍有安全感。

制订好计划、仪式和惯例

在日常生活中，我们可以通过制订一些计划确定一天的节奏，形成习惯来放慢自己的脚步，让孩子知道当天要做哪些事情，这样也能减轻他们内心的焦虑。例如，可以在醒目的位置张贴一张活动清单或计划表，方便孩子随时查看。

在学校，我一般会在开始讲课前先讲一下一天大概的安排，这样对缓解孩子焦虑大有帮助。这种做法对低年级的孩子来说尤其有用，孩子不必因选择太多或不知道干什么而不知所措，从而避免引发焦虑。对年龄较大的孩子（包括成年人）来说，计划和惯例能创造一种节奏感，并让所有人都放下戒备，包括我们自己。

始终如一的自信和友好

正如惯例和仪式可以帮助孩子放松一样，父母的语气也可以。当遇到紧急情况时，如果孩子相信父母能够主持大局——亲自指挥、态度坚定、充满自信，那情况就会大不一样。尽量不要让孩子感觉到父母的焦虑和紧张，不然会引发更多焦虑。

疏导和缓解焦虑的实用方法

焦虑的能量开始在体内积累后，所有人都可以本能地通过某种方式释放这种能量。比如，我用于释放焦虑的一种方法是踱步或摆动身体，即某种重复性动作。我还喜欢听流水或海浪的声音。我的孩子在感到焦虑时，总是喜欢用手做一些事情，比如剪纸、削棍子、玩黏土，或其他体力消耗比较大的事情，比如跑步或骑自行车，另外一个则是喜欢嚼口香糖或捏解压球。还记得用手玩头发和吃头发的苏菲吗？我们的身体拥有一种神奇的自我安慰机制。当然，有些方法不太适用于公众场合，还有些会给我们带来麻烦。但是，只要孩子正在疏泄自己的焦虑能量，就是一个良好的开端。

有时候，孩子自己使用的方法很有效果。只要他们不伤害自己或别人，不会让他们感受到进一步伤害（比如被取笑或羞辱），那最好就不要去打扰他们。但是，当孩子缓解焦虑的方法有伤害性时，父母就需要介入并帮助他们找到另外的释放方式。例如，在家里吮大拇指可能没问题，但要是在教室里这么做，就会被人取笑，内心会留下伤痕，类似这种就需要介入。

咀嚼是一种非常常见的焦虑缓解方法，人们甚至专门为此制造出了一种叫"咀嚼饰品"的首饰。许多地方都不允许孩子吃口香糖，但嚼口香糖其实有助于缓解焦虑。也许可以允许年龄合适的孩子嚼口香糖，或者为他们提供其他缓解焦虑的办法。

做肢体动作

感到焦虑时，我们的身体经常会动来动去。来回踱步、摇摆、晃动、轻轻地敲打某物……这些都是人在焦虑时身体产生的自然反应。因此，如果感觉孩子比较焦虑时，可以有意识地带他们去做一些肢体动作，这对于缓解焦虑大有裨益。

我们还可以放一点有节奏的音乐，吸引孩子自然而然地摆动身体。他们会情不自禁地边写作业边用脚轻敲地面或轻轻地摆动自己的身体。音乐能让他们安静下来，并把这种能量传递到全身。放一些有节奏感的音乐，能让人们更加愉快地享受午餐，还有助于人们写日志、写作、进行艺术创作或其他类似的创意活动。

别让他们的双手闲下来

涂鸦是一种让孩子双手忙起来，帮助他们释放焦虑的好方法。我的一位学生，他的桌子里经常放着一沓纸，就是为了涂鸦；每当焦虑情绪露出苗头，他就会在这些纸上随便涂画。我也喜欢涂鸦，而且经常是出于本能。后来我开始有意识地关注自己的涂鸦行为，发现在焦虑时，我的涂鸦频率会更高。不过，学校的老师经常会把孩子的这一行为视作不认真听讲，但实际上这种行为能缓解焦虑，能帮各个年龄段的孩子集中注意力。

织东西也有类似效果，有很多年龄较大的孩子会在教室里织东西，因为做这件事能让他们集中注意力认真听课。

对于坐不住的孩子来说，可以找些可以玩的东西，比如解压球、一块特殊的石头或者一个可以转来转去的圆环。总之，我们需要利用常识发挥创意，在不分散他们注意力的情况下，找到让孩子安静的方法。

搭桥，缓解孩子的分离焦虑

有一件事会引发人们的严重焦虑，即与自己亲近的人分离。许多孩子一直都有分离焦虑症。这种焦虑可能是由身体上的分离导致的，即没有和爸爸妈妈或主要负责照看他们的人在一起。例如，苏菲在家里时觉得很安全，但是让她离家一整天，就会引发她的焦虑。有些人则是因为没有归属感而产生分离焦虑。不合群的孩子多半都有分离焦虑。这种不是身体上的分离，而是情感上的分离。孩子会因为觉得自己不重要、不特别、不属于某个群体或者和别人不一样而觉得焦虑。无论是身体上还是心理上的分离，我们内心的警报都会响起。

人类渴望亲密关系。亲密关系是人们赖以生存和获得安全感的基石。我们在亲密关系中才能放松——在与能给我们安全感、有他们在我们就觉得放松的真人建立亲密关系时，我们就可以如此。

但是，如果这种亲密关系得不到保障会怎样？

想想现在我们与其他人"联系"的方式——电话、电子设备、社交媒体等等。明白了吧？我们的关系比以往任何时候都要"亲密"。然而，这并不是我们真正需要、能让我们内心获得安宁的那种关系。这种"关系"经常会让我们陷入更加疏离、更伤人且更执着于肤浅交流的境地，而这并不能满足我们。

我只想说，孩子们从未像今天一样需要与他们的父母、老师和祖父母等建立亲密关系，与大自然、与他们自己、与他们的世界以及他们世界里的其他人建立亲密关系。

要想引导孩子，就要与他们建立起良好且牢固的关系。此外，我们还要确保这种关系不被打断。例如，孩子去小朋友家玩，即将分离之际，他们的警报很可能会被触发。这时，你肯定不会允许他在小朋友家过夜，但却可以为下一次联系搭建桥梁，"我们可以下次再来玩"，或许能将他们的注意力引到下次联系上。总之，无论是父母与孩子之间，还是老师与孩子之间，只要关系受到威胁，就一定要设法弥合关系——无论这种威胁是缺乏归属感、觉得不被接受或不受欢迎，还是身体上的分离或是时间的流逝。

父母出差后的生活对孩子来说特别难熬。很多孩子在父母出差后，情绪或学习状态都很差。所以，父母可以通过一些方法维持这种联系，比如每天视频、在出差前写一些便条提醒孩子生活中的注意事项等。这些小细节能让他们想起我们在一起的时光，告诉他们我们在想着他们。

有些孩子去学校后会想念父母。可以让孩子带一些与家有关系的东西到学校，这个方法对白天想家的孩子很管用。不要试图去阻止孩子想念家里积极良好的环境，这是一种自然本能，我们要为孩子多提供帮助，以便他们能保持与家里的联系。有了这种联系，他们会更容易放下对家的思念并关注当下，甚至会更愿意学习。我们可以在玩具小屋里挂上他们家人和/或宠物的照片，或者在墙上挂一些家人的画作。孩子也可以带点自己家乡的特产和别人分享。我们还可以在一个学年开始时，与班上同学的家人举办一次百乐餐，借此机会与同学的家长和兄弟姐妹们深入了解彼此。此外，还可以在接送孩子时有意识地与孩子进行沟通。

孩子如果需要依靠外界的帮助来缓解焦虑，以上方法都很管用。总之，我们必须巩固与孩子的亲密关系，给他们充分的安全感和温暖，同时让他们相信，我们有能力主导一切，而他们完全不必为此担心。向人传达"我能搞定这件事"这一信息,能很好地缓解他人的焦虑,这一点无论是对孩子还是成人都有效。

真我示范

还有一种方法可以缓解孩子的焦虑。这种方法可能会出乎你的意料,不过,它在很多方面都很有效果。这种方法,即真我示范,也就是展示真实的你,向孩子示范:做自己没有什么大不了!

假设你很害怕自己与众不同。你怕没有人会喜欢你,没人会接受你,害怕人们了解真实的你之后,你就无法融入他们。他们可能会嘲笑你,或者不想跟你做朋友。对于一些人来说,这种情况并不难想象。我自己就时不时会处在这种焦虑中。

所以,当我们对自己的古怪、善良或者其他让我们与众不同的品质表现得越坦然时,孩子就会越放心。我们的坦然会在孩子心中埋下一颗种子,这颗种子也许就能让孩子认识到,做真实的自己没有什么大不了,他们不必隐藏,也无须道歉。这颗种子也许需要一段时间才能生根发芽,但只要种下了,生根发芽也就只是时间问题。

例如,孩子需要在新班级做一个自我介绍,他会介绍自己独特的爱好,但是同时他又担心这些爱好会被人嘲笑。孩子向你说出了自己的担心。你没有直接回复他,而是向他说出你自己的经历。小时候你转学到一个新班级做自我介绍时,带了一些代表我是谁、我是什么样的人的物品。开始的时候，你对此也有一点难为情，甚至会因为别人可能出现的想法而觉得尴尬。这样真的可以吗？事实是，随着时间流逝，你越来越自在，甚至变得大胆起来。你向同学们介绍了最喜欢的毛绒羊驼，看到它，你就会想起家里的那些羊驼来，还有你的羊毛毡爱心，甚至还有你最喜欢的石头、彩笔！这些东西看起来似乎并不起眼，但和同学们分享的这一过程为你们的关系奠定了基调。同学们会笑你，觉得你这样做很傻，但你用自己的言行告诉他们：无论他们怎样想，我都不介意。是的，这样做确实很傻。不过，我不介意。这就是我。你的这番经历定能鼓舞孩子，即便他真的被同学嘲笑了。

当然，真我示范并不能让人们突然之间改变看法，你觉得很好的东西，别人可能依然不喜欢，比如科幻小说、企鹅、独角兽等等。但是，真我示范能让孩子明白：你不介意他们是什么样的人。真我示范意味着，你在营造一个安全的环境，这里没有批判，也没有羞辱。在这个地方，也许有一天，当他们做好准备时，他们就会从小处（或大处）做起，去做真实的自己。

第6章

心不在焉

想象一下这种场景：你家孩子亚伦正趴在桌子上画他的涂色书。你发现他的作业一页都没有写，于是你叫亚伦先把作业做完再涂色。他没有说不，没有发脾气，也没有任何反抗，他只是继续涂色，就好像完全没有听到你说话一样。

还有这种场景：老师向你反映孩子佩特拉听课不专心，老师叫大家注意听讲，但你家孩子似乎根本没有听到老师的声音。而且你发现，佩特拉还经常忘记写作业，有时则是写到一半就不写了。她总是把书包、文具胡乱地塞到书桌里，做什么事都没有条理，也不专心。

这样的孩子就是典型的心不在焉型。遇到这种情况，我们很容易失去耐心，提高音量，甚至是用威胁的手段让他们屈服，而很多时候却并不管用。但是，如果我们知道了背后的真正原因，就能找到更好的应对办法。

心不在焉的真正原因是什么

让孩子们心不在焉的原因有很多，例如：

正处在"忘我"中

亚伦可能是进入到了一种忘我的境界，完全沉浸到了画画当中。有时，孩子们会全神贯注地去做一件事，他们是如此专注，以至于忘掉了身边的一切，包括父母或老师的声音！也许有人会觉得，这样是有意为之，且极不礼貌，但实际上，对某些人（包括孩子和成年人）来说，他们有时确实会全身心地投入到某项活动中，而把周遭的一切全然忘掉。

爱幻想，容易分心

至于佩特拉，她不是沉浸在某件事当中，而是沉浸在她自己的内心世界里。爱幻想的人，会不断地由一件事想到另外一件事，导致他们无法专注于任何事情，也不记得原本是要做什么事。他们每天大部分时间都处于这种走神的状态之中，沉浸在白日梦中的他们根本无法关注到现实。每分每秒，他们的脑海里都有无数种念头闪现。这样的孩子很难注意到当下外界正在发生的事情，也无法按时完成自己的作业，所以我们也很难在需要时吸引他们的注意。

注意力不容易转换

像佩特拉这样沉浸在自己内心世界的孩子，要想让他们把注意力从一件事转换到另一件事上也很不容易。这样的孩子，无论是在幼儿园还是高中，情况都会如此。

其实无论是谁，转移注意力都并非一件易事，更何况是年幼的孩子。亚伦走神，其根本原因可能就是他年龄尚小，注意力不容易转移。年龄较小的孩子，如果平时容易沉浸在某件事中，那么他们在不同的抚育者之间转换，往往也会出现过渡困难。

例如，亚伦可能会有一段时间早上过得比较艰难，因为他舍不得离开妈妈，不想到老师身边。但是，一旦跟老师熟悉了，亚伦就能在学校过得很开心。然而，放学后妈妈来接他时，他又会经历一段舍不得离开老师的艰难过渡期。同样，在不同的情境之间，也会存在过渡困难问题。认识到这一点后，我们就不会觉得孩子是在故意针对我们了，就知道当下需要做些什么，才能让过渡期更加顺利。

同样，对待忘我和容易分心的孩子，也要先去拉回他们的心，再引导他们去做下一件事或接触下一个人。

当下需要怎么做

当孩子听不见别人说话（排除生理原因）时，我们要做的是拉回他的心。对我们提出的要求,如果孩子并未主动反抗,但却似乎全然听不到,无论原因是注意力无法转移、走神,还是太过专注于手头的事情,我们要做的就是去拉回他的心。

要想让一个心不在焉的孩子听你说话,方法就是重新与他建立联结,而不是提高音量。走到孩子跟前,拉近与他的肢体距离,走进他的世界,哪怕只是一瞬间。此外,还要尽量与他进行眼神接触,如果在此过程中他正在做的事情被别人打断,还要跟他表示你理解此时的他有多么不情愿、多么失望。等联结建立后,我们再告诉他们需要做什么事情。

平时需要怎么做

这些孩子也许需要多一点时间,才能将注意力从一种活动转换到另一种活动上。因此,在他们没有给出我们预想的回应时,我们要多些耐心,灵活应对。同时,要给他们一些提示或引导,改善他们的行为表现。例如,跟他说"当我叫你时,不管你手头的事有没有完成,希望你都能看着我"。这样潜移默化地引导,让他们通过自身的努力形成自然而然的习惯。

同时,要不断努力去巩固关系,给孩子更多的安全感。亲密关系是促使他们听我们说话、觉得自己受到重视的基础所在。

第7章

爱捣乱

想象一下,在学校里,所有孩子都在安静地学习。这时,你家孩子乔西起身削铅笔,他一边削一边走到另外一个同学身边,然后开始用手不断戳对方的肩膀。乔西并不想伤害他,他只是觉得"好玩"。他不停地戳那个孩子,嘴里还念着:"哔——哔——哔!"

或者是这种场景:在数学课上,科拉尔似乎很容易分心,行事也很冲动。她很不专注,而且经常插嘴提各种问题和意见,打断老师讲课。老师请她不要打断时,科拉尔高兴地同意了,但没过多久,她又再次打断。

或者是这样的孩子:赛斯上课的时候总是不停地制造出各种奇怪的声音。有时候是压低嗓音说话的声音,有时声音却很大很烦人。赛斯还经常敲铅笔,同时用嘴唇发出砰砰的声音。

他的这些噪声没有针对某个人,就是在应该听课或写作业的时候,忍不住反复制造噪声。

爱在学校捣乱的孩子的确令家长很头疼。无论是因为控制不住自己的行为、打断老师讲课,或是让其他同学分心,都让家长和老师很困扰。这些行为看起来确实很像是故意的,但如果深入探究孩子的成长发展规律,就会发现孩子实际上并未意识到自己的这些行为有什么不对,也没有能力控制自己在那个时刻不做出不合时宜的行为。

"爱捣乱"的真正原因是什么

乔西、科拉尔和赛斯都有一个共同点:他们无法克制自己的冲动。即便他们知道自己当前的所作所为不恰当,家长和老师也已经反复告诫他们无数次不要再犯同样的错,但他们就是做不到。为什么?

原因一:孩子们尚不具备克制冲动的能力

让我们后退一步,从成年人的角度去思考一下这个问题。假设你很晚才下班,而且还得赶去看女儿的学校演出。此时的你又累又饿,雪上加霜的是,你遇上了大堵车。你看了一眼时间,发现演出还有十分钟就要开始了,而你距离学校至少还有三十分钟的车程。你很郁闷,很生气,现在的你只想猛敲方向盘、猛按喇叭来发泄心中的不满。但是你没有这么做。因为你知道,这么做会吓到周围的司机和行人。这么做,不仅会让其他人发火,还有可能引发事故!所以,即便再生气、再着急,你也会克制自己。你告诉自己要深呼吸,一切都会过去的。

多数成年人都能尊重别人的感受,尊重与他人之间的界限,能控制自己不因生气、沮丧或恐惧等而冲动行事。然而,这种能力并非与生俱来。克制冲动是人在成长过程中慢慢习得的一种重要能力。

关于捣乱的行为,最常见的解释就是孩子们尚不成熟,他们还"没到那个阶段"。多角度思考和克制冲动的能力,一般在 5~7 岁之间开始发展,但也会因为种种原因而推迟。因此,许多行事冲动、爱捣乱或有攻击性的孩子,尤其是小孩子,也许能分辨是非,但却因为尚不具备控制情绪、解决问题或从另外角度看待问题的能力,无法及时做出正确的决定。乔西就是因为年纪太小,所以不会"从另外一个角度"去想事情或感受事情——"这样做会让我惹上麻烦"或"这样做可能会伤害到其他人的感情"。他只有具备了这种能力,才能控制自己的情感和冲动。

乔西容易分心,而且他的所思所想会完全表现在他的行为上。他也许是觉得无助,也许是觉得无聊,无论心里怎么想,他都会在行为上表现出来,而他自己其实并未意识到他应该做"正确的事",甚至都没有意识到什么才是"正确的事"!乔西活在自己的世界里,可能并不知道什么是烦恼、什么是对错。

因此，如果一个孩子尚不具备自我控制能力，他们就会将当前的情绪真实地表达出来。心中想做一件事时，他们就会立马去做。比如容易分心、经常插话的科拉尔，或许你已经请她不要再打断你，对此她也真诚地答应了你，但才过了两分钟，同样的情形就再次上演！原因就是，一旦想到了某件事情，也许只是早餐吃了什么，科拉尔就会立马将它说出来，因为她没办法一直记着刚才答应你的事情，这个想法已经被一个新的想法取代了。等科拉尔记起她答应的事，也许还会为刚才的事懊悔抱歉。而且，对于不具备自控力的孩子来说，知道得更多并不代会做得更好。

怎样帮助无法克制冲动的孩子？

我们没办法教一个孩子如何克制冲动，但是，我们能从多方面去帮助他们培养这种能力。

有一种非常简单的方法，可以帮助孩子学习如何处理复杂情绪，处理内心的冲突，即以身示范。有多简单呢？我们只需把描述自己不同情绪的话语结合在一起，然后融入日常对话中。

下面是几个不含任何强烈情感的示例。这些示例都可以逐步引导孩子们去了解如何同时处理两种情绪或者一种情绪和想法。通过这些引导，就能将孩子们的内心冲突正常化。

啊，我觉得好累，我现在不想擦黑板，但是我知道这件事必须要做，所以我要去擦了！

我对暑假的到来感到非常开心，因为我喜欢夏天，但同时我又有些难过，因为我会非常想念大家。

这个暑假我受邀在一次重要的物理会议上演讲。我很害怕演讲，因为我不敢当着那么多人的面讲话。但是另一方面，我又很激动，因为我很喜欢这个话题，能被邀请去分享我的研究我很开心。

我真不知道该拿我的电脑怎么办了，我真想把它砸了，但我知道这不是个好主意，砸了它我会后悔的！

另外一种方法是帮助孩子将不同的情绪联系到一起。这可能比以身示范要难一点。我们要做的就是慢慢引导孩子去发现自己内心对某种情况的想法或情感，从两个相反的方向去引导——"你是不是既觉得这样，又觉得那样？"；还可以引导孩子去发现"另外的"情绪和想法——"你是不是还觉得……"。

如果孩子对引导表现出抵触心理，我们就要先暂时退让，而不是步步紧逼。这种事情不能勉强，只能让孩子慢慢接受。我们可以继续以身示范自身的情绪，然后在时机恰当时，再次温和地进行引导。假以时日，他们就会明白情绪和想法的两面性，然后慢慢习得克制冲动的能力。

原因二：情绪太过强烈，无力控制

孩子们无法控制冲动，还可能是因为当时的情绪太过强烈，他们没有能力克制。

太过强烈的情感，比如沮丧，孩子会比较难驾驭。沮丧是指因某件事未按照自己的预期进行或发展而产生的一种情绪。所有人都有过不同程度的沮丧。乔西之所以坐立不安，也许就是因为某件事让他很沮丧，或者是把对家里某件事的情绪带到了学校。如果只是轻微沮丧，孩子可能只是会表现得有些烦躁不安。但如果是强烈情绪，并且没有感知到，孩子又没有能力克制，那么行为表现就会很突出，除了捣乱，可能还会攻击他人。

怎样帮助内心情绪太过强烈，无法控制自己的孩子？

对于这种情况，要等孩子们的情绪没那么强烈之后，再去引导他们认识自己内心的复杂情绪。我们甚至要等待一段时间，才能开口和他们谈论这个问题。更多有关释放这种情绪能量的方法，也可以参考"解决孩子的攻击性问题"（见第 120 页）。

原因三：焦虑

捣乱行为另外一种可能的原因是：焦虑。赛斯制造噪声或许就是焦虑所致。孩子体内的警报被激活，说明他们感受到了某种威胁。也许我们永远也无法知道赛斯的警报是怎么被激活的：也许是家里发生的事情，也许是赛斯害怕另一个欺负他的同学，也许是赛斯担心自己不被同伴喜欢或接受，一直生活在被拒绝的恐惧中。

如果孩子像赛斯一样生活在焦虑之中，那他就无法接纳周围的世界。他会通过哼唱、敲打、叩击、唱歌或其他任何方式来缓解自己的焦虑。这是一种非常自然的反应，很多人都这么做，而非有意为之，甚至是在无意识状态下进行的。然而，这种行为会分散周围人的注意力，扰乱他们正在做的事情。总之，人处于焦虑之中时，就会在无意之中做出不当的行为。

怎样帮助焦虑的孩子？

对于焦虑的孩子，能给予他们最大支持的就是我们之间的关系。增进与孩子之间的亲密程度，让他们心里觉得踏实。在孩子感到焦虑之时，我们要果断伸出援助之手，用温暖而又包容的心给予他们坚实的依靠，让他们知道，有人在关心照顾自己，我们有能力带领他们渡过难关。在我们身边时，他们有一种安全感。

常规、仪式和计划也能给孩子带来安全感。常规的安排为孩子的日常生活制定了框架，让孩子心中有数、心里有底，从而身心能得到放松。为了缓解孩子的焦虑，我们可以把每天的日程和需要的过渡提前做好安排，让孩子对接下来的事情了然于胸。这样一来，他们就能知道下一步要做什么，而后融入一天有节奏的生活当中。

原因四：受到过度刺激

孩子缺乏克制冲动的能力，还可能是因为他们无法屏蔽周围环境中的某些东西。他们的过滤器无法屏蔽刺激，刺激就会进入到大脑中。感官收到太多刺激信息，过滤能力又不足，孩子无法将注意力集中在该关注的人或事上，就可能做出捣乱行为。他们看不懂提示，更记不住在给定的情况下该如何守规矩或该做什么。而这些，都是外界对他们的刺激太多所致。

怎样帮助受到过度刺激的孩子？

孩子受到过度刺激，有时会有很明显的表现。例如，受到过度刺激后，他们可能会用手捂住耳朵或脑袋，脸颊泛红，或者在座位上晃来晃去，总之，就是做一些能隔绝外界的事情。如果出现这些迹象，就要减少对孩子的刺激。

也许我们无法面面俱到，但有时只需做一些简单的改变，就能大大改变孩子的处境。例如，对孩子来说，学校是个很热闹的地方，对于不擅长过滤外界信息的孩子来说，这种热闹是一种挑战，会让他们产生不适。实际上，仅仅是意识到某些捣乱行为的原因，就能帮助孩子。

原因五：寻求关注

孩子捣乱还有一种原因，即寻求关注。寻求关注是指寻求某种关注来满足某种需求，如希望自己显得特别、被接受、寻求归属感的需求。寻求关注的孩子有可能会表现出不恰当的行为，让人厌烦。乔西、科拉尔和赛斯的行为问题，也许就是源于其无法获得自己需要的关注，而只有这种关注才能填补他们的空虚，减轻他们的焦虑，让他们能够融入周围的世界。而这种行为很不讨喜，结果往往只会使我们疏远他们，而不是激发我们关心他人的本能。但是，孩子渴望关注时，也正是他们最需要我们介入并主动"拉拢"他们的时候。

怎样帮助寻求关注的孩子？

主动接近他们！我就是一直用这种方法来帮助寻求关注、渴望人际交往的孩子的。如果我们能克服自己的抵触心理，主动去接触一直在寻求我们关注的孩子，就能取得惊人的效果。

我曾经教过一个十几岁的女孩，她就很爱捣乱。她经常会突然提问，不管什么事情都要评论两句，课堂上的发言时间大部分都被她占去。为了让其他同学也有发言机会，我做了大量工作，最后搞得我筋疲力尽。我当时最不想做的事情就是接触这个女孩，只想躲得远远的。但后来我发现，这个女生不仅焦虑，而且在寻求关注。于是我主动去接触她，而不是简单地回应她寻求关注的行为，让她感觉到我希望和她交流。

对缺乏安全感，渴望人际交往的孩子来说，只是需求得到回应和被人主动满足需求是两回事。因此，我决定给这个孩子一种"被需要"的感觉。于是，每当她走进教室的时候，我都会在她走到我面前之前问她今天过得怎么样；如果半路碰到她，我会特意去跟她打个招呼；还有每次下课时，我都会跟她道别。放学收拾东西的时候，她经常故意拖延时间，我知道她是有问题要问我，这时我就会主动去问她，让她分享一下对今天所讲内容的看法。这件事对我而言太难了，平时一直都是她主动评论我或者找我，现在她不再主动，感觉就像是一种解脱，换我强迫自己主动接近她确实很难。不管怎样，我还是设法克服了自己的抵触心理，并找到一些短暂的时机，让我可以主动迈出接近她这一步。我花费了五个月的时间才走到这一步，虽然缓慢，但终于有了效果。她不再插话，也不再占据课堂上太多时间。只要能填补她内心的空虚之处，哪怕只有一点，那她可能就不会那么需要关注了。她确信我愿意随时给予她关注，因此她无须再去寻求关注。

当然，我们无法时刻都能主动满足孩子的需求，也无须做到尽善尽美。只需记住，主动去接近他们就可以满足他们的需求。即便是非常短暂的时机，只要把握住，走出沟通的第一步，或者表示出对他们的兴趣，就能从很大程度上改变他们的捣乱行为。

当下需要怎么做

当务之急是向他们表示友好，主动接近他们，慢慢地引导他们改变，切勿让他们难堪。提醒孩子此时此刻不应该打断别人或制造噪声，效果可能不太好，因为他们没有能力克制自己或坚持服从你的指令。如果让孩子感到难堪，有可能会让他们内心潜藏的情绪更加激烈，他们会更爱捣乱。有时候，孩子还会试图做一些荒唐或可笑的事来掩饰自己的难堪。

读到这里你可能会有些丧气，但请一定要记住：即便是在与孩子的关系更加亲近之后，捣乱行为也极有可能会很快重新出现。但"拉拢"了孩子的心就是赢得了希望！我们可以采取长期策略，帮助孩子克服这些捣乱行为。

平时需要怎么做

虽然我们不可能时时刻刻都知道孩子爱捣乱的确切原因，也无法分辨他们是感到焦虑、寻求关注还是不具备克制冲动的能力，但我们仍能在不考虑问题根源的情况下，采取一定措施，去帮助孩子克服自己的捣乱欲望。无论是哪个孩子，只要主动去接近他，就能帮他缓解焦虑，让他安心。

第8章

逆 反

课堂上,一名代课老师正在教室前为全班孩子读故事,这时,一个名叫怀亚特的孩子从上衣口袋中拿出了一个玩具给朋友们看。于是,老师走过去,轻声告诉怀亚特现在是上课时间,不能玩玩具,并要他把玩具收起来,等休息时间再玩。怀亚特则回答道:"不用你管。你又不是我老大!"说完,他仍然把玩具摆在桌子上面,并皱着眉头看着这位老师。

或者类似下面的场景:八年级的孩子卡莉,她似乎对什么事都有自己的看法。班里正在为一场演出做准备,老师让卡莉把舞台背景的纸板房涂上蓝色。卡莉说:"不行,蓝色太难看了,谁家的房子会是蓝色的?"于是老师提议换成红色:"那好吧。这里有一些红色的颜料,红房子古色古香,请你帮忙把房子涂成红色吧!"然而她又这样说:"不好!红色也很难看,我讨厌红色！"过了一会儿，老师发现卡莉并没有给房子涂色，而是把棕色的彩纸剪成各种方形，然后贴在纸板房上，就像是用砖做的一样。

有时候，你会发现这个年纪的孩子，做什么好像都是对着干。面对孩子故意"唱反调"，我们会觉得沮丧、生气、迷茫，甚至会因为管不住他们而觉得难堪。斥责他们似乎并不奏效，惩罚他们也只会让情况变得更糟。

逆反心理的真正原因是什么

从根本上说，和别人唱反调其实是一种健康的表现，有利于孩子成长为具有独立想法和意识的成年人。反抗他人的意愿，即"反意愿"，是人类的一种本能。"反意愿"一词由德国心理学家奥托·兰克于20世纪50年代首次提出，后来戈登·诺伊费尔德博士对其含义进行了扩展，将其用作理解逆反心理的一种方法。

反意愿主要有两个目的：一是隔绝外界影响。这个外界主要指未与我们建立情感联结的人。二是为表达自己的独立意愿让路。独立意愿指自己的看法、想法、观点、心愿。

在某种程度上，健康的青春期，其本质就是具有反意愿。青春期是从童年向成年过渡的时期。为了成长为拥有独立的想法和观点的人，我们要不时地去反抗其他人的意愿。反意愿最早见于蹒跚学步的孩子，具体表现是他们有了"自己动手"的想法。这个阶段的孩子唱反调看起来很可爱，但随着孩子年龄增长，却会让养育者觉得很头疼！

不过，反抗那些未与自己建立情感联结的人，是件非常正常的事。原因很简单，因为你不知道能否相信他们，这种现象在羞怯或内敛的孩子身上更加明显。在他们看来，那些未与自己建立情感联结的人，看他们一眼、和他们说话或者服从他们的指令都是不对的。未与自己建立情感联结，从而拒绝听从其指令，这是人类的本能。成年人有时也会出现这种心理。

我们来看一下可能出现反抗性行为的具体原因。

关系不够亲密

反意愿的主要目的之一就是保护我们不受依恋关系圈之外的人影响。抗拒是人类与生俱来的本能，在很多时候能保护我们。孩子本能地避开未与之建立情感联结的人，就能远离潜在的危险和伤害。如果自己依恋的人表示这个"外人"是安全的，孩子才会放心地接纳他。

此处有一点需要明确一下，依恋关系圈是指关系，而非角色。

我们以怀亚特为例，他不承认代课老师是他的老师，觉得自己不需要听代课老师的话，便反抗对方提的要求。只有让他把代课老师视为引导者，他才会听对方的话。为此，代课老师首先要与他建立情感联结，然后他的反抗本能才会消失。作为父母也是这样，不是你说是他的爸爸或妈妈，就有了引导孩子的权利。所以说，头衔毫无用处，要想"拉拢"他们，必须设法与孩子建立一种情感联结。

当然，不同孩子表现反意愿的方式也各不相同。出于各种原因，一些孩子的反抗意愿没那么强烈。也许是因为他们不想惹麻烦，或者是他们更容易认可并服从成年人的引导，所以内心的警报促使他们守规矩。而对于反抗性比较强的行为，我们通常称为"违抗性行为"或"对立性行为"，或者将之诊断为对立违抗性障碍（ODD）。不过，虽然怀亚特的行为很严重，但解决办法其实很简单，即他需要和养育者或教育者建立情感联结，然后才有可能听话。在那之前，很有可能他会不断反抗我们。

为了表达自己的意愿

我们生活中都有像卡莉一样的孩子，不管别人说什么，他们的反应都是反抗。这种反意愿虽然也表现为反抗，但其根本原因并不相同。在这种情况下，反意愿是源自一个人想要表达自己意愿的欲望。卡莉之所以唱反调，是因为她对布景有自己的想法。当然，即便别人的想法和自己的相同，这类孩子往往也不愿承认，因为这个想法是他们想出来的。

这种反意愿是孩子成长过程中的一种正常现象，表达了年幼孩子"我自己来"的愿望。一个蹒跚学步的孩子，想自己穿上牛仔靴或者开车等，都是这类反意愿。事情本身不一定可行，他们只是要借此表达自己的一种意愿，即"我想自己做这件事"。这种意愿来自他们内心深处的某个地方，充满着冒险精神，是一个人成长为独立自我的必经之路。

然而，有时候，孩子们并没有太多自由能做自己，也许是家庭环境不允许他们表达自己的想法、观点，也许是他们确实还无法独立完成一件事。本能和情绪的本质是一样的，你不能假装它们不存在。打压本能，只会让它在其他地方冒头，甚至愈演愈烈。

对任何人提出的计划，卡莉都会迅速表示反对或抵抗。她反抗的原因，也是最好的原因：为了表达自己的想法和意见。用砖形剪纸装饰布景，说明她的创造力和自我意识正在萌芽。孩子在学步期表现出"自己做"的意愿，在青春期会再次强烈上演，其形式往往是"我要按照自己的方式做"。

如果你确实需要孩子们配合，这种反抗就会让人有点恼火，但这种行为并不代表孩子蔑视或不尊重你。像卡莉这样的孩子，我们要多给他们一点表达自己想法的空间，这样他们就不会总是反抗我们。我们越是欢迎青少年表达自己的想法和观点，他们就越有可能接受我们的想法和观点。

当下需要怎么做

不管反抗性行为背后的确切原因是什么，都可以通过下列三种方法来应对：

首先，与孩子建立情感联结，增进与孩子的感情。

没有与孩子建立情感联结，他们就可能会跟我们对着干。所以，当下要做的第一件事就是拉近与孩子的距离，重建情感联结。即便再乖巧的孩子，也会出现反抗行为。所以，面对孩子的对抗行为，我们首先要做的就是增进情感。

其次，多给孩子表达自己想法和观点的空间。

卡莉的问题不在于没有与她拉近距离，而是她需要更多表达自己想法的空间。如果布景必须按照特定的方式进行装饰，那这时卡莉就不适合发表自己的意见。但如果情况允许，我们就应该抓住机会，询问卡莉的想法："卡莉，这个纸板房需要涂上颜色做布景用，你觉得什么样的颜色比较好看？"然后，时不时过来说些鼓励的话："想法真不错，我都没想到可以这么做呢！"

最后，一定要少用强迫手段。例如，可以用含蓄委婉的方式给出指令，制定孩子需要遵守的计划和仪式，以有趣好玩的方式来引导。

如果孩子确实让人很恼火，我们要做的也不是给他们一点教训，而是要认识到，人之所以不能响应别人的要求，只是因为太累、太兴奋或者被什么事情分心了。我们不能强迫孩子去答应要求，只需停下来笑一笑，然后跟孩子说："这样做一点用都没有，是吧？你是不是太累了？"我们要理解孩子，而不是逼迫他们："有时候我也会这样。别人要求我做事情，我就因为太累了不想去做。有时候我也总是咯咯地笑个不停，而且我越想停下来，就越是止不住想笑！你们有过这种感觉吗？"

我们要停止消极的权力斗争，对孩子的感受表示理解。这样有助于重新与之建立联结，降低他们的反抗意愿，而我们也可以借此机会思考接下来该怎么做、他们当下能做到什么。一种方法是，给出做同一件事的另外一种方式，让这件事变得更加有趣或更加可行——如果我们也参与其中，孩子会更乐意听从指挥。例如，可以跟孩子说："我想你今天只是太累了，所以没有力气走。我们每个人都会遇到这种情况。让我们来搭火车，一起走吧！我也很累……不过，我相信我们能做到！"

注意是"我们"而不是"你们"能做到。当我们对他们的感受表示理解，同时表明这对我们自己而言也很困难，但是相信我们能做到时，孩子的反抗心理就会减弱。我们和孩子是站在统一战线上的。

不过，有时孩子就是怎么也不肯配合，不管怎么说，仍然是各种捣乱，完全不受控制，那么我们可以从一开始就摆出一副有趣的姿态。例如，在学校，老师可以用开玩笑的口吻跟孩子说："忘记告诉你们，今天是'国际左脚跳日'！"（或者类似的玩笑话）；还有："不好！我差点忘记啦！我原计划把今天当作'滑稽走路日'的，所以今天任何人都不允许正常走路！所有人都要用奇怪滑稽的姿势走到体育教室去！"

平时需要怎么做

维护关系

要想减少孩子的反抗行为,最有效的办法就是维护与孩子的关系。不论何时,只要关系在,孩子都会认可关爱自己的引导者。

计划和仪式

计划和仪式有助于减弱孩子的反抗心理,对年龄较小的孩子来说更是如此。让孩子对何时要做何事有心理准备,他们会更乐于接受。因此,做好计划,让孩子知道一天大概的安排,能有效地减少反抗行为。

对年龄较小的孩子来说,可以把他们的某种记忆与需要定期完成的任务联系起来,比如在做杂务时放孩子喜欢听的音乐,音乐响起就代表着"该打扫卫生了"。也可以和孩子们一起,边听音乐边打扫卫生。

允许孩子表达自己的想法

对于孩子来说,大多时候他们都是听从指令,按照别人说的话去做事。这是作为孩子不可避免的事情,而表示反抗也是正常现象。到了青春期,孩子的逆反心理会更加严重,他们想要自己做主,并向世界展示自我。有身体或智力残疾的孩子更是如此。这些孩子每天都在"被帮助",而不能自己去做一些事情,所以他们的内心更加渴望独立。

尽可能多地为孩子提供表达自己想法的空间,让他们知道自己的感受、想法和意见受到重视。在我高中时期,我们学校专门留出了一面墙并提供颜料让所有孩子可以在上面作画。那面墙特别大,我们随时可以在上面添加装饰。唯一的规定是,我们不能画粗俗的内容——因为我们感受到了学校校长和老师对我们的尊重,所以都很遵守这一规定。我非常喜欢那面墙,还想了很多点子装饰它。

等我自己当上老师后,我也给孩子们留了一面创意墙,他们可以随时把自己的想法写在上面。我把整面墙都贴上了纸。创意墙的主题可以根据孩子年龄做相应调整,比如让世界变得更加美好、优秀书目推荐、最佳电影推荐等等。在这个地方,孩子可以随意表达自己的想法。此外,创意墙的下一个主题往往也由他们选择决定。

另一个减少反抗、提高孩子参与意愿的方法是,为孩子提供多种可能的方式,激发孩子的创造力:你想用书面形式提交读书报告吗?你想不想用舞蹈的形式来讲述这个故事?你想不想创作一件艺术视觉作品来审视故事的主题?你要不要把它唱出来,或者把它做成一个视频?让孩子自由选择吸收知识、分享成果的方式,就是接纳他们的自我。当他们觉得自我被所有人接纳时,我们再去给出明确的指令,他们就会更愿意听从,久而久之,反抗行为也会越来越少。

第9章

自我封闭，对一切都漠不关心

设想下面这个场景：静很喜欢艺术和手工，但有一段时间，她却总跟自己较劲，不肯写作业，连喜欢的艺术活动也不愿意参加。于是你鼓励她，只要写完作业，就能拿出手工箱做手工。可是静却用尖刻的语气回答你说："无所谓。我讨厌艺术，艺术简直无聊透顶。"

或者假设你是一名老师：奥利弗不停地在课堂上说话，还一直扰乱旁边的同学。你说了好几次让他不要再捣乱，不然其他同学没办法专心写作业。可他还是一直说，于是你威胁他，如果再不安静下来，课间休息时就不许他出教室。奥利弗顶嘴道："随便，我无所谓。反正我也不想出去。"

上述孩子似乎突然关上心门封闭了自我，对任何事情、任何人都漠不关心，在自己与外界之间竖起了一堵墙，把难以承受的某些感觉统统隔绝在外。

处于这种状态之中的孩子，对他们的引导会很难让他们听从，渐渐地我们都懒得引导他们了。我们会被他们的冷漠刺痛，进而觉得心灰意冷或无能为力，甚至还想以牙还牙。

背后的真正原因是什么

孩子麻木、急躁、不为所动、茫然无神，这些表现说明他们已经失去了在乎的能力。在他们看来，在乎就会有危险、会受伤，在乎会让他们丢脸、会被拒绝，所以大脑给出的解决方法就是：不让孩子感知这些痛苦，至少是在当下不要觉得痛苦。

大脑本身拥有一种能力，能保护我们不受痛苦情绪的影响。在这个容易受伤的世界里生活，无论何时何地，我们应该也必须具备这种能力。例如，当我们需要专心工作或执行任务时，或者当我们觉得流露感情会不安全时，我们的理性大脑就会牢牢控制我们的思维和情感。

作为成年人，我们也会时不时地遇到这种情况。有时为了履行职责，我们必须暂时把个人感受放在一边，不受自己情绪的影响，比如救护车司机或消防员。实际上，任何需要具备引导力的职位，比如老师、辅导员或经理，都会出现这种情况。

即使是成年人，也会有不敢流露感情的时候。例如，伴侣无意中伤了我们的心，察觉到我们的异常后，前来问我们怎么了。如果我们确实感到伤心，但又觉得不该在那一刻表达出来，这时我们就会变得冷淡，而不是难过或哭泣。我们的回应可能会透着冰冷和疏远："没事，我很好。"而这就是自我封闭。

然而，为了保护情绪健康，这堵墙需要每隔一段时间消失一次，压抑的情绪才能释放出来。但是，人只有在觉得安全，和"自己人"在一起时，才会允许自己流露感情。所谓"自己人"，就是指我们愿意在他们面前展现脆弱一面的那些人。人的这种防御机制是暂时性的，只有特定情境才会触发，在当下那一刻为我们提供了保护。但对一直缺乏安全感的人来说，防御状态可能会持续数天、数周，甚至是数年。这种情况下，自闭会从一种暂时的保护机制演变成一种固定的心理状态。

令人惊讶的是，深陷自闭状态的人，在人生的某个时刻其实有过特别强烈的情感，但因为心中涌现出了太多无法承受的情绪，导致防御机制被永远锁定。这就是一些孩子总是处于防御模式、对一切都毫不在乎的原因。对这些孩子来说，曾经对他们有利的（且暂时的）那堵墙已经变成了一座坚固的堡垒，外界的东西无论好坏，或者不好不坏，统统都被挡在了堡垒之外。

"我不在乎"

"随便""我讨厌这个"，当听到有人这么说话时，我们会很生气，觉得这个人不懂礼貌，不尊重人，而类似"我不在乎"之类的话也包含了很多信息。从这些话语中，我们大概可以明白一个孩子现在是什么状态——或者不在状态。

每句"不在乎"的背后,都有一种情绪在酝酿(有时还嘶嘶作响)。例如,当静说她不在乎时,实际是她可能非常在乎,但她不想让你知道,因为那样她会陷入容易受伤的境地,会很痛苦。在她看来,告诉你就很不安全。

我曾经帮过一位和静很像的女孩,她有很多心事却不知道怎么跟人倾诉。短短一个月内,她先后经历了祖母(对她来说就像妈妈一样)去世、最好的朋友因为吸毒而住院的双重打击。她的功课不及格,但她似乎并不在乎,没有人知道为什么。随着对她的了解加深,我发现在二年级时,她曾因在课堂上提了一个问题而被当众羞辱。打那以后,她再也不敢发言。她的心门已经在那天关闭,她不想在别人面前展现脆弱的一面,不相信任何人。时间快进到七年后,那时的她急需帮助,她写的那句话仍然在霓虹灯下闪烁:在别人面前展现脆弱的一面很不安全,跟别人求助也不安全。

也许我们永远也不知道静为何把自己封闭起来,而且这种封闭慢慢长出了棱角,但是这种不在乎却能够向我们传达一项特别重要的信息,即她已经失去了在乎的能力。这种状态也许只是暂时的,也许她被困于此已有一段时间。知道这一点,我们就知道怎么帮助孩子了:静需要恢复她的在乎能力。问题是,我们不能强迫或教会一个人怎样恢复在乎能力,但可以为他提供解除防御的特定条件——让他感到安全。

不同的孩子,自我封闭的表现也不同。一些人可能表现为刻薄或对外界无动于衷,其他人则可能表现为孤僻、凡事全靠自己、与周围的世界脱节。但是这类孩子不容易被注意到，因为他们通常比较安静，不会引发我们做出激烈的反应，但他们的需求是一样的：需要一个能给他们安全感的地方。

人的在乎能力为何如此重要

处在容易受伤的环境中，自我封闭也许能让某些人保护好自己，但在与人交往时，我们需要具备在乎的能力，这样才能考虑周全。拥有在乎的能力，才能与他人共情，从正确的角度看待事物，才能更好地投入到学习当中。拥有在乎能力的人，不容易冲动行事、报复或伤害他人。在乎，是人类最重要的情感之一，有了它，我们才能与其他人和谐共处。然而，在乎会让我们陷入容易受伤的境地。

像奥利弗这样的孩子，他一点也不在乎同学们的事情。他没有考虑到自己的行为会对周围人产生怎样的影响。也许他是真的不在乎，不在乎其他人如何，也不在乎休不休息。他内心深处的某个地方已经变得冰冷坚硬，所以才会看不到其他人的需要，甚至也看不到自己的需要。如果是这种情况，那么他就要恢复在乎的能力，学会理解他人的感受。

当下需要怎么做

这些孩子需要的是安全感。然而，安全感并不会瞬间产生，需要时间和持之以恒，需要孩子相信自己可以依赖我们。

这里要注意一点，不要试图用承诺去奖励、惩罚或取悦他们。缺乏安全感的孩子不会承认自己想要什么，因为承认意味着暴露自己的需求和弱点。所以，当下的重中之重，就是不要让自我封闭的孩子难堪，不要非得弄明白他们喜欢什么、不喜欢什么。类似"你是在和我开玩笑吧？你那么热爱艺术"，或者"我知道你只是说说而已，奥利弗，你最喜欢课间休息时间了，你可瞒不过我"这样的话，最好不要去说。

我们需要的是耐心。只有多花些时间，为孩子们建立起安全感和情感联结，才是真正的解决之道。

平时需要怎么做

安全感、安全感、安全感！
这些孩子需要我们用明确且友好的方式去引导他们，他们需要可靠的、始终如一的引导者去依赖。他们需要从我们这里感受更多的温暖。研究表明，许多有过创伤经历的人会把中性的面部表情解读为"生气"或"发火"，而对自我封闭的孩子来说，他们也可能会把中性的面部表情理解为一种威胁。

我们要让关闭心门的孩子知道，我们不会嘲笑他们，也不会让他们难堪。此外，我们还要留给他们足够多的犯错和探索空间。

关系、关系、关系！

解决这些孩子问题的办法就是建立你与他们的关系，而建立关系的关键一步就是"拉拢"他们的心。关注他们，和他们进行交流，每次管教时都搭建起恢复关系的桥梁，与他们建立情感联结，然后在此基础上为他们创造安全感，帮助他们打开心门。

在多年的教学生涯中，我遇到过许多关闭心门的孩子，其中一位孩子的转变给我留下了深刻的印象。她叫特丽斯塔，15岁那年来到加拿大。她的经历很悲惨：性虐待、身体虐待、饥饿和无家可归。特丽斯塔完全有理由封闭自我，她的生活毫无安全感可言，对外界保持戒备情有可原。特丽斯塔的举动清楚地告诉我：她不太可能继续参加我的课程。她不和任何同学交流，对我们所计划的事情也没有表现出丝毫兴趣。但是，我从她的眼神中看到了她内心其实有多么渴望。实际上，我甚至能看到这种渴望在她内心燃烧。她只是不敢承认，因为那样不安全。

在教她的两年里，我非常努力地去和她拉近关系。我尽量主动找她，而不是等她来找我。我从未让她做过让她难堪的事情。后来，我发现跳舞时的她很轻松自在，而且她舞跳得非常棒。这是我唯一一次看到她这么放松——但我没有挑明，以免让她因为害怕受伤而放弃跳舞。我希望她能够保持这种状态。

到最后她慢慢发现，在我这里她是安全的，又过了一段时间，她在我面前卸下了防备。她哭泣的时候，我一直抱着她，哭完之后，我看到她脸上第一次露出了笑容（尽管她一直捂着嘴，我还是看到了）。后来，她的笑容越来越灿烂，甚至还和班上的其他同学成了朋友。特丽斯塔仍会时不时地筑起心墙，但她有了可以将心墙收起的时候、地方和人。她打开了心门，她对自己的未来和想做的事情、想成为的人充满了希望。这是她之前从来没有过的感觉。我已经好几年没有收到特丽斯塔的消息了，但是最近收到了她发来的一封邮件，看完这封邮件，我不禁潸然泪下。这位美丽勇敢的年轻女子找到了一种敞开心扉的方法，放心地去面对生活和生活给予她的一切。

我一直保留着你送我的那条项链。每次想你的时候我都会戴上它，看到它，我就会想起我们在一起的那段时光。谢谢你教会了我如何表达我的感受，因为有你，我才能尽情享受生活。你是我的英雄。

特丽斯塔把自己封闭起来，躲到自己的内心世界里，对人际交往不抱有任何希望，不表现出任何兴趣，也毫不在乎。她的情况，如果没有得到好的引导，其实很容易向另一个方向发展：变成一个尖酸刻薄的人，让其他人不敢靠近。对失落、痛苦和羞愧等情绪，每个孩子的反应都不相同，但解决办法却是一样的。那些容易让他们受伤的情绪，我们要帮助他们表达出来。我们要与之建立关系，给予他们安全感。有了安全感，他们才会对其他人产生兴趣，与他人共情，关心他人。情感觉醒后，他们才会开心，才会充满希望并憧憬美好的未来。

第10章

专横跋扈

回想我们的童年,每个人身边似乎都有这样一个人:他事事都要自己说了算,还总是对别人指手画脚,喜欢用命令的口气告诉别人该做什么、不该做什么。虽然有一些品质让你觉得他有领导才能,但大多数情况下,这些行为显得专横跋扈,让人不舒服。他们是家里的小霸王,是孩子当中的孩子王,是老师眼中那个不好管的刺头孩子。对这样的孩子,我们总是禁不住提高音量,设法让他摆正自己的位置。

专横跋扈的真正原因是什么

其实,孩子表现得专横跋扈,往往代表他缺乏安全感。如果孩子觉得无法掌控自己的世界,就会希望掌握一切,否则心中就会紧张焦虑。为了让自己持续有安全感，他会一直处于发号施令状态，觉得这样就能获得安全感。但可想而知，这并不是孩子真正需要的安全感。

明白专横跋扈背后的原因后，我们就知道怎么应对了。

当下需要怎么做

专横的孩子容易激起别人的怒火，在我们看来，这样的孩子自我优越感太强，太过傲慢自大。例如，在一个班级里，看到某个孩子对其他同学颐指气使，作为老师的我们会对被指使者产生强烈的保护欲，有些话就会脱口而出，"嘿，别对其他人呼来唤去的！"，或者"你以为你是谁？你又不是老大！"，或是将他们教训一顿，"没人会喜欢你这种专横跋扈的人，交朋友不是这么交的"。

了解了专横跋扈行为背后的真正原因——缺乏安全感，我们就可以从不同的角度去看待这种行为。因此，我们的任务就是为这个孩子创造更多的安全感，方法就是（慢慢地！）拿回主导权，而非制止他们的行为或者警告他们小心后果。

此时此刻，孩子也许只需从我们身上得到一种信号："我来搞定这件事。"例如，奥德丽总是喜欢支使其他姐妹，父母就可以介入，拿回主导权："谢谢你奥德丽，我知道你想帮忙。不过西奥需要帮忙的话，她会跟我说的。这件事就交给我吧，你可以专心做自己的事情了。西奥现在很好。"父母和奥德丽交流时要面带微笑，或者之后再和奥德丽沟通一次，让她知道，我们仍然珍视与她的关系。

平时需要怎么做

应对专横的孩子，需要用始终如一的引导和支持，让他们相信有人关怀他们、他们的需求会得到满足。这些孩子需要真切地感受到我们强有力的支持，这样他们才可以去依赖我们，并在我们的引导之下感到安心。我们可以通过如下方式为孩子创造安全感：

- 用温暖友好的方式去引导他们，并始终如一。
- 让他们了解事情会在什么时候、以什么样的方式发生。
- 向他们清楚地传达这一信息：凡事都有我们。
- 给出指令时不要犹豫，要果断明确。

一旦孩子感受到了我们强有力的引导，久而久之，他们就会觉得不再需要自己掌权。

但是，一些孩子由于生活环境变化，压力重重，很难在短时间内改掉支使别人的毛病。这时，我们可以给他们找一个能发泄"指挥欲望"的出口。这个出口既不会打扰到其他人，又能满足这个孩子"指挥他人"的需求。这样一来，他们就不会在这个"出口"之外的场合去支使他人。

我曾经教过一位叫朗内尔的孩子。他在校外的生活压力很大。他不停地搬家，生活中的他既没有人指点，也没有人照顾。从很小的时候起，他就不得不担当起家长的角色，照顾他的妈妈。为了生存，他只能事事都自己拿主意。问题是，到了学校之后，他仍然是这副作风，可想而知，这给其他孩子带来了很多烦恼。他经常指挥别人做事，提醒他们写作业，就好像他是他们的老师或家长一样。我意识到，他需要一个途径来发泄自己的"指挥欲望"，于是我给他找到了一份既能指挥，又不会烦扰其他人的工作。我让他负责照顾我们的道具，并为我们的公开表演组织场地。由于他特别爱管事，他把这份工作做得非常漂亮。找到指挥的用武之地后，他不仅不再打扰其他同学，而且他在这方面的才能也得到了其他同学的欣赏。这份欣赏也给他带来了更多的自信，可以说这是一种双赢。在此期间，我努力帮他摆脱要为一切负责的心理，让他重新做回一个正常的孩子，让他知道自己不必什么都操心，有人在引导，这样他就能彻底放松下来。

为孩子提供指挥他人的机会，比如帮助年纪更小的孩子读书，这种方法几乎屡试不爽。同样的事情，在同龄人眼中可能是"颐指气使"，而在年纪更小的孩子眼中就不会如此，因为他们需要这样的"引导"。让年龄较大的孩子与年龄较小的孩子搭配，是一种健康的"指挥欲望"发泄途径，既不会给其他人造成困扰，也不会遭到反抗。

尽管很多时候孩子的专横跋扈会激怒我们，但只要记得他们这样做是为了给自己创造安全感，那么我们就能体会他们的心情。这样的行为不仅对我们来说不好玩，对他们来说也是如此。明白了这一点，我们就能为他们创造充分的安全感，让他们放心地去依靠身边的成年人，用放松自在的心态去度过每一天。

第11章

攻击性强

学校里，课间休息结束后，所有孩子都排好队等着进教室。萨姆手上拿着一个球，鲍比看到了也想玩。萨姆不同意，于是鲍比开始伸手抢，萨姆把球抱得更紧，鲍比见抢不到球，就张嘴咬萨姆的胳膊。

或者这种场景：瑞斯今天很不开心，他跑到储物间里面撒气，把所有的东西都拽下来扔到地上，然后又踢又踩。

还有这种：因为做错了一道题，辛西娅不停地打自己的头。她一边用拳头捶打额头，一边自言自语道："我就不该活在这个世界上，我怎么这么笨！"

攻击性行为的真正原因是什么

攻击性行为源于沮丧感。沮丧感是人类最常见的一种情感。在上述场景中，三个孩子都遇到了挫折。有时候，我们一眼就能看出他们遇到了什么挫折。比如鲍比想要萨姆的球却要不到，而辛西娅则是答错了题。不过，多数情况下，我们并不知道挫折的确切起因。比如瑞斯，他可能之前就已经情绪不好，甚至连他自己可能也不知道究竟为何感到沮丧。他的沮丧也许是因为妈妈那天早上要出发去旅行，也许是因为他的父母刚刚离婚，又或许是因为他们要搬到另一个地方去。总之，沮丧感的产生原因并不总是一目了然，其背后根源也许永远不会为我们所知。

无论表现如何、缘由是什么，最重要的是要认识到，攻击性行为代表孩子遇到了挫折。他们遇到了不如意的事情，在宣泄自己的挫折情绪。沮丧感比较轻微时，情绪上的表现可能只是烦躁易怒，而沮丧感强烈时，人甚至无法控制自己的身体。

沮丧感转化为攻击力

每个人表达挫折情绪的方式都各不相同。鲍比没有拿到萨姆的球而感到受挫，他便通过咬人来表达挫折情绪。咬人是幼儿表达沮丧感的一种常见方式，而大一点的孩子则经常表现为跺脚、用脚踢东西或撕毁物品等，瑞斯便是如此。一些孩子受挫后的本能反应是打人或摔东西，还有一些孩子则是用口头的形式来表达沮丧感，比如尖叫、讽刺他人或恶语伤人。大部分人至少有一种或两种发泄沮丧感的方式。说到这儿，你可能已经开始思考自己或孩子的发泄方式属于哪种了。

有些发泄情绪的方式会给孩子带来麻烦，比如伤害他人、损坏财物或攻击自己。像辛西娅这样的孩子，他们受挫时的本能反应就是攻击自己或伤害自己的身体。他们不想伤害别人，觉得将情绪发泄到其他地方不安全，所以会以自我否定的方式表达出来："我就不该活在这个世界上，我这么笨，什么事都做

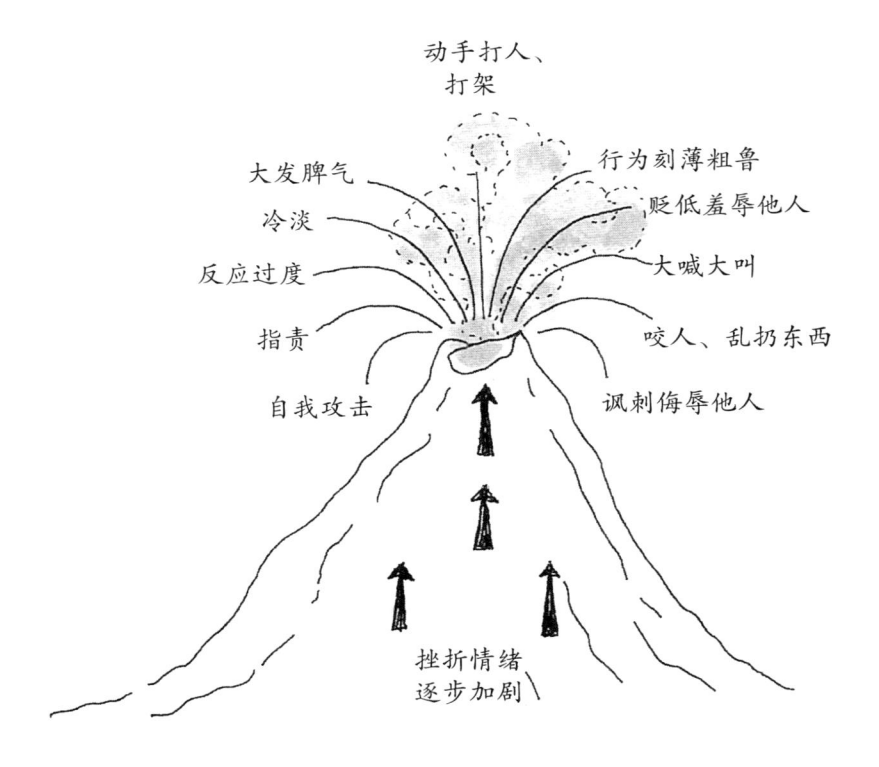

不好！"这种否定有时仅限于口头，有时却会表现为伤害自己的身体，比如用拳头打脑袋、撕扯头发。一般情况下，人们会将这种行为视为自尊心低下的问题，而忽视了其背后的真正原因：沮丧感。

无论你的孩子采取哪种发泄方式，最重要的是要记住：只要出现攻击性行为，那就说明这个孩子遇到了挫折。这时对他们的沮丧表示理解，帮他们找到其他合理的情绪发泄口，就能减少攻击性行为。

情绪崩溃，成人也在所难免

请把挫折感想象成一片被大坝围住的水。随着大坝里面的水越积越多，大坝承受的压力也越来越大，然后，水就有可能从某个意想不到的位置溢流或泄漏出去。有时，承受的压力太大，大坝就会决堤，留下一片狼藉。同样，人的情绪也会积累（尤其是在正常发泄口阻塞的情况下），待积累到一定程度后就会宣泄到毫无戒备的路人身上，或者彻底爆发，转化为攻击行为。

通常，成年人相对成熟，能控制某些攻击能量的外在表现方式，因此宣泄情绪的方式较孩子更加含蓄。多数成年人都很有涵养，不会乱扔东西或打人。遭受挫折后，成年人的外在表现大多是冷嘲热讽和不耐烦。

回想一下你曾经遇到的挫折，比如孩子不听话、被伴侣误解、因为受伤而腰酸背痛等，想想当时你是什么感觉。当时你的情绪如何？最后结果如何？

在此，我想同大家分享我的一次个人经历。当时我们正在搬家，而我正在忙着打包东西。那天天气很热，我的心情十分压抑，想到还有一大堆事情没做，而时间正在不停流逝，我的压力越来越大。这时，我四岁的女儿走了进来，她只是想问我一个问题，也完全没有意识到自己即将进入风暴旋涡。我感觉到自己内心的情绪正在翻滚，我还听到脑海里有个声音在劝我："忍住！忍住！千万不要吼她，不是她的错！"但是，这个理性的呼声太过弱小，而我的挫折感却太过强烈，因此，我不仅没回答女儿无关痛痒的问题，而且还对着她发飙，把她吓得哭着跑了出去。

其实，我对这种情况的了解比别人更深，但如何反应却跟了不了解没什么关系。决定我做何反应的，是当下那一刻的强烈挫折感，我把它宣泄到了不相干的事情上面。我的爆发看起来（而且的确是！）完全就是莫名其妙，因此也必然是一种不恰当的反应。我的反应与女儿和她的问题都无关，而是我自己感到挫败。这种情况下，只有等冷静下来之后，我才能从更加客观的角度去看待问题。我是一个成年人，一个常年和孩子打交道，一个本应有能力控制自己情绪、克制自己行为的人，但这样的事情仍旧会发生在我身上。

如果我们能在自己身上看到这一点，就能对孩子的表现感同身受。作为成年人的我们，也会有克制不住冲动的时候，何况孩子。这样想之后，我们才能用更多的耐心去对待孩子，他们尚未成熟，无法克制冲动是很正常的。

"挫折环岛"导航

我们可以借用交通环岛的概念来理解人们遇到挫折时会发生什么事情。

挫折感

（挫折情绪从此处进入环岛）

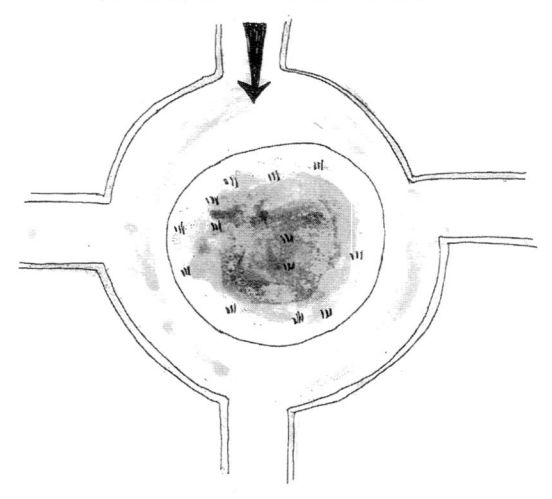

人遇到挫折时，可以通过多条路线走出"挫折环岛"。如果这些路线不通，挫折感就会在我们绕着"挫折环岛"打转时沿路积累，而后变得越来越强烈。最后，就像水位上涨冲破堤坝一样，挫折感也会一泻而出，成为攻击他人的能量，而其宣泄的对象通常与产生挫折感的原因无关。

我们再来看一下鲍比的案例，看看他是通过哪种方式来发泄挫折情绪的。

鲍比遇到的挫折很明显：他想要萨姆的球，但萨姆不给他。对此，他的第一反应是试图改变现状，即用自己的双手把球抢过来，他想让事情按照自己的预期发展。这种反应通常是人的第一本能：扭转局面、操控事态发展、改变现状，或者改变别人的想法。

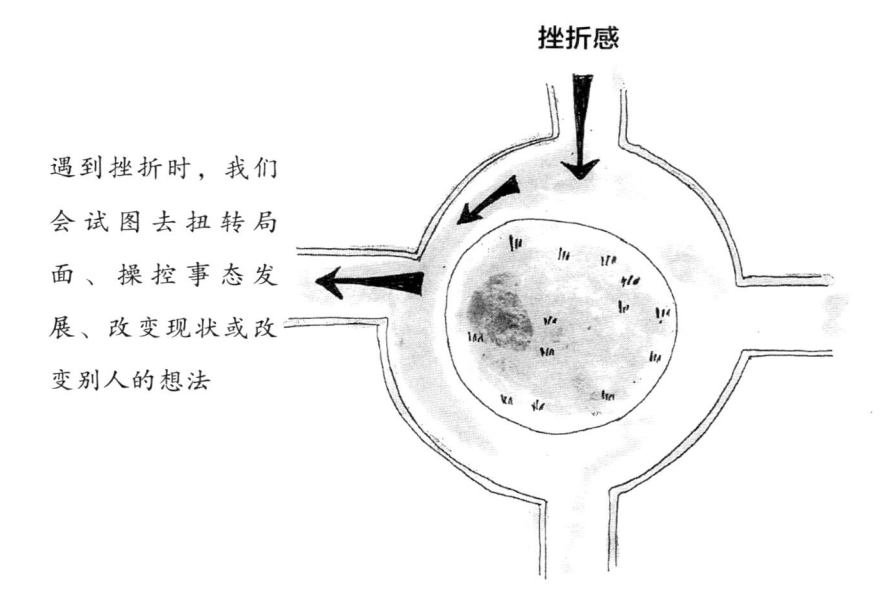

挫折感

遇到挫折时，我们会试图去扭转局面、操控事态发展、改变现状或改变别人的想法

从愤怒到悲伤的内心转变

然而，有些事情不是一个孩子所能改变的，比如父母生病、搬家、离婚、宠物死亡、弟弟妹妹的出生等等。遇到这种

无法改变或不应改变的情况，我们注定会发生由内而外的转变。内在转变的发生是一种必然，只有这样，我们才能放下徒劳无益的欲念，而后继续向前。挫折感会以一种健康的方式逐渐淡化，而后我们就可以重新振作，用更强大的心态去面对新的挑战。简而言之，我们的内心会从愤怒转向悲伤，这是一种真正的适应过程，适应之后就能成就坚韧的心性。

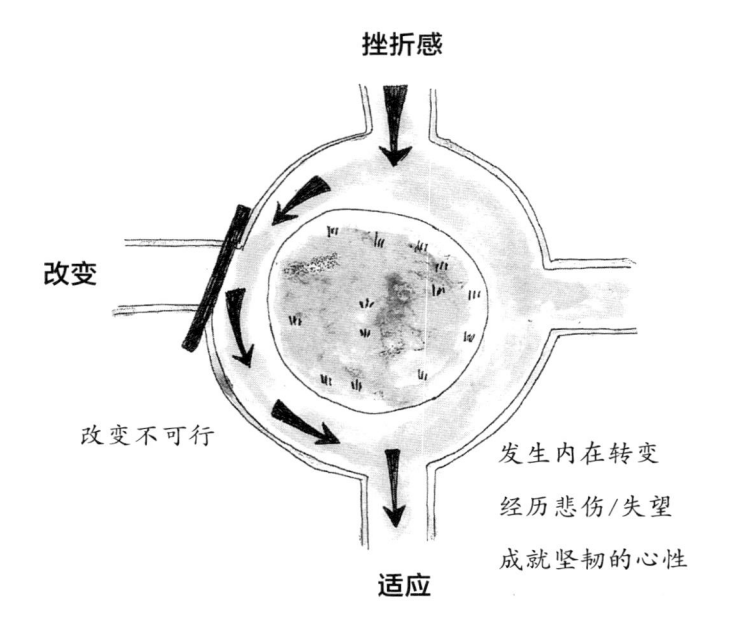

挫折感

改变

改变不可行

发生内在转变
经历悲伤/失望
成就坚韧的心性

适应

若愤怒过后不是悲伤，而是脆弱，又该如何

要成就坚韧的心性，需具备感知悲伤和失望的能力，当然这件事说起来容易做起来难。正因如此，大部分人要么永远执着于心中所想，不放手，要么明知不可为而为之。要么，就像

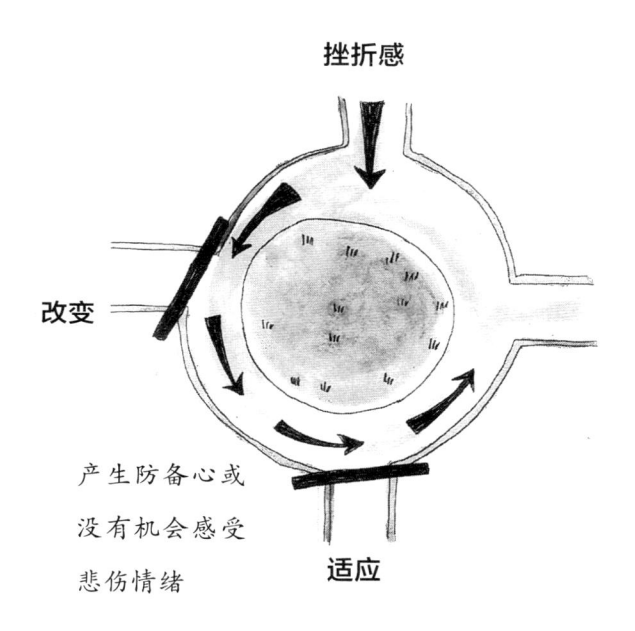

```
              挫折感
                ↓
        ┌──────────────┐
   改变 │              │
        │              │ 
        └──────────────┘
                ↑
         产生防备心或      适应
         没有机会感受
         悲伤情绪
```

前面几个场景中的孩子一样，由于所有出路都被封堵，最后只能演变为攻击性行为。

　　悲伤和失望是两种让人难以承受的情绪，因此，人的本能是避免产生这两种情绪。有时候，大脑会在我们尚未意识到发生了什么时，就替我们把悲伤和失望掩藏起来。人的内部防御系统对太过沉重、难以承受的情绪十分敏感，它能抑制人们感知这些情绪的能力，保护人们不受伤害。但是，我们只有感知到这些情绪，才能去适应挫折，让挫折感消失。换言之，当愤怒变为悲伤时，才是最终的解脱。

　　鲍比的这条路线行不通，至少在当下那一刻是如此。也许他的愤怒太过强烈，无法转换为悲伤，也许他暂时竖起了屏障，防止自己感知到任何悲伤或与之有关的沉重情绪。又或许，鲍比从未有过"被拒绝"的感觉，所以他不知道自己能挺过这一关。也许，他从未有机会从愤怒转变为悲伤。不管挫折来自何处，我们知道的就是鲍比无法适应这一状态，也就是我们所看到的挫折感。

越过"冲动克制"过程，转为攻击

冲动来自人的内心深处，它是一种本能反应，不带任何意图。人只有发挥认知功能才会产生意图。冲动不涉及大脑的思维过程，但要想克制冲动，就必须先经过大脑思考。换言之，为了克制冲动，人必须经过思考，产生"也许这不是个好主意"之类的想法。

鲍比咬萨姆时，并没有考虑是否会伤到萨姆或惹上麻烦。在那一刻，他没有思考，所作所为全都是出于冲动。在这种情况下，驱使他做出攻击行为的正是挫折感。鲍比还远远不具备克制冲动的能力。

因此，他以攻击的形式发泄了挫折感——咬萨姆的胳膊。他索要球的举动没能得逞，而他没有能力改变现状，也没有去适应挫折。他没有产生其他的想法，至少在当下那一刻是如此，因此无法阻止自己冲动行事。

孩子具备克制冲动的能力后，攻击性行为就会减少，这是件好事。他们开始刻意地去控制自己的行为，但要注意，挫折感可能仍然隐藏在某个地方，如果没有发泄口，不能改变现

挫折感

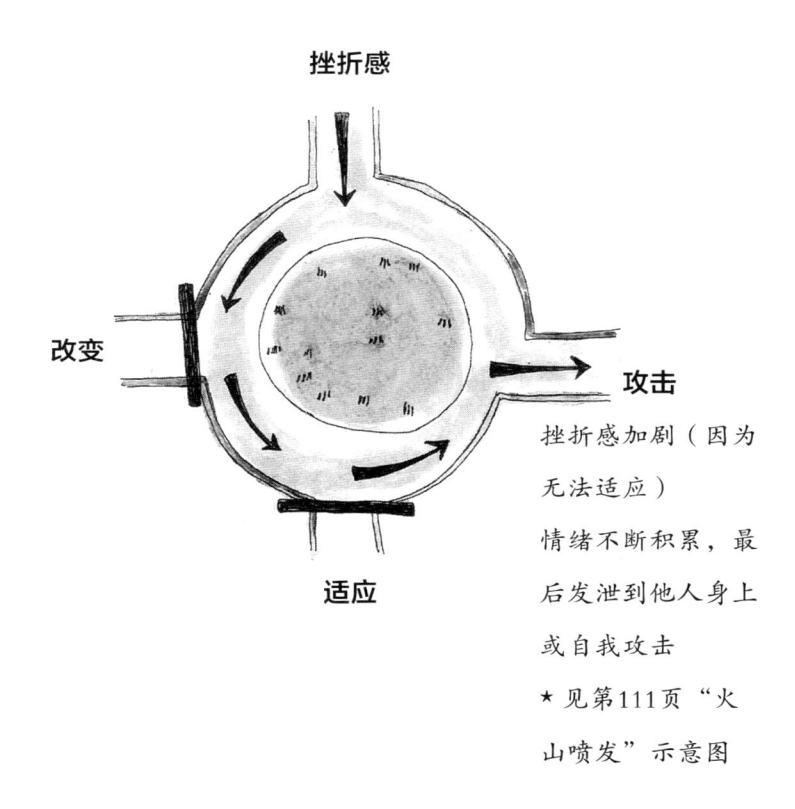

改变

适应

攻击

挫折感加剧（因为无法适应）

情绪不断积累，最后发泄到他人身上或自我攻击

★ 见第111页"火山喷发"示意图

状，无法将愤怒转变为悲伤或将挫折情绪释放出来，这一能量还会继续积累。然而，已经学会克制冲动的孩子非常清楚不能伤害别人，于是只能转而伤害自己或贬低自己。因为不这样，挫折感就会被压抑到内心深处，最终发展成抑郁症。孩子的这一心理过程并不容易发现，但只要对此有所了解，知道我们平时所说的自尊心问题其实是无处宣泄的挫折感在作怪，对他们而言就是一种帮助。

当下需要怎么做

确保所有人的安全

当孩子出现攻击性行为时，我们的首要任务就是保证每个人的安全。要检查一下被攻击的孩子是否受伤，并阻止实施攻击行为的孩子去伤害其他人。

我们要多加关照被攻击的孩子，确保他们的人身安全和心理健康。具体关照方法要根据孩子的年龄做相应调整。在众目睽睽之下被人攻击，对于年龄较大的孩子而言是一件非常丢脸的事情，因此注意不要让他们难堪。我们可以找一处比较私密的空间去询问他们的情况，或者不动声色地对他们表示同情："我为你的遭遇感到难过，那肯定很痛吧？"然后告诉孩子你会处理这件事："别人攻击你是不对的，我会解决这个问题。"

解决孩子的攻击性问题

发生攻击事件时，首要任务就是制止攻击行为。做此事时一定要谨慎，出现攻击事件后，最好的结局就是尽量在保证每个人自尊心都不受伤害的情况下予以解决。不要指责，不要羞辱，不要煽风点火，要记住：如果我们是老师，要维护好与所有孩子的关系，包括那个攻击别人的孩子。最重要的是，我们要在确保所有人都安全的前提下妥善处理攻击事件。

现在还不是教育攻击者的时候，而是要等他情绪逐渐平息下来之后再来解决。当然，有问题就想当下立即解决是人类的天性，面对孩子让人苦恼的行为，我们心中充满了愤恨和失望，有如此想法是正常的。我们想让那个孩子知道，他的所作所为是错误的。气急的我们，可能会立马冲过去找他们谈话。但是，现在这个孩子可能仍然被强烈的挫折感所左右，因此根本听不进我们的话，也顾及不到他自己的其他感受。

我们要压抑住心中的怒火，等这个孩子平静缓和下来之后，再去就刚才发生的事情找他谈话，这时的沟通才能产生效果。

帮助攻击者适应"被拒绝"

适应被拒绝，即我们不是想要什么就能得到什么。

回想一下鲍比的问题，他也许就是不习惯被人拒绝，不知道自己其实可以克服失望。生活中可能都是别人让着他，因此他很少遇到被人拒绝的情况。也许情况正好相反：他一直被人拒绝，没有一个人理解他的失望和悲伤，以至于他不是选择去适应，而是任由自己陷在沮丧之中，愤怒的情绪也因此一直伴随着他。

孩子因为没有得到自己想要的东西而感到沮丧、发脾气或有攻击性行为时，不要妥协，而是要用类似下面的话来回应："很抱歉让你这么失望。你确实很想要_____（在此填写想要的东西）。"这样能帮助他去感受自己的失望。用这种方式对他们的挫折感表示理解，有助于引导他们将失望情绪转化为悲伤。另一方面，如果用愤怒回应发脾气和有攻击性的孩子（"住手！不要这么孩子气，快停下来！"），那么这个孩子的愤怒情绪会更难平息，更难转化为失望和悲伤。

用沮丧回应沮丧是一种自然反应，但这种回应方式无法帮助有攻击性的孩子去适应沮丧。从未被拒绝过或被拒绝太多次的孩子无法培养出心理韧性。

只有被拒绝过（或遇到过不如意且无力改变的情况）且能够对此产生失望情绪，然后适应失望，最后向前看的孩子，才能培养出心理韧性。在适应失望的过程中，他们会意识到自己能够克服这种失望。

回想一下"挫折环岛"，我们会发现挫折情绪的真正发泄出口是适应，即从愤怒转为悲伤。为了适应生活中的不如意和困难，我们必须明白：我们所渴望的改变不会发生。只有明白了这一点，我们才能继续前行。

假设一个与你关系较好的人（伴侣、朋友、家人）走到你跟前对你说："我对你很失望。你应该克制一下自己的脾气。"听到此话，你的本能反应大概率是为自己辩解。如果情况相反，这个人对你的感受表示理解："我能看得出来你真的很沮丧，你肯定很不好受。"你的态度也会不一样。对方的理解给了你沮丧的空间，这时你才会自发地去做"应该"做的事，而不会觉得受到强迫。

等孩子情绪平静下来之后再找他谈话，就能事半功倍。若能设法帮他们感知到失望心理，就能帮助他们适应并培养心理韧性。"你今天一定沮丧极了。你真的很想要萨姆那样的球，看到自己想要却得不到的东西，我们心里会很难受。生活就是这样，不会总是尽如人意。"这一点对在学校的孩子来说尤其难，因为学校并不是一个可以放心哭泣、展现脆弱一面的地方，他们担心自己会被别人笑话。因此，我们要特别注意保护孩子的自尊心。

如果孩子遇到的问题是人生大事，不可能在当时解决。比如瑞斯，他的父母刚刚离婚，因此心情非常糟糕。这种重大的人生问题不是当下可以解决的。在这种情况下，我们也许知道，也许无从知道孩子出现攻击性行为的原因。我们能做的，就是认识到一点，即他们遇到了挫折，需要别人帮助他们去适应。我们需要在不知道缘由的情况下去解决这一问题。对某些孩子来说，不要问"你这是怎么了"，一句"很抱歉你现在这么沮丧、过得这么艰难"足矣。

发现孩子善意的一面

发现孩子善意的一面，也有助于减少攻击性。"我看到你很努力地在克制自己了。我知道你很关心别人，你并不想伤害萨姆。你是因为太过沮丧，身不由己。你并不刻薄，你在学着克制自己，你会做到的。"类似这样的话，可以帮助孩子察觉自己不想伤害别人或攻击别人的意愿。拥有向好的内在动力，孩子才能找到指引自己正确行事、克制冲动的内在指南。指出他们内心的善意一面，能使他们的善意发展壮大，帮助他们更好地应对挫折。

帮助孩子主动道歉

对孩子的沮丧表示理解，等孩子冷静下来之后，就可以提出让他们以某种方式来道歉。

强迫别人道歉没有任何意义，而帮助孩子发现自己想要道歉的内在欲望，他们就会自动产生这种想法。比如这么说："你咬萨姆，他会很疼。有时候'对不起'这句话很难说出口，但如果我们伤害了别人，并且为此感到愧疚，那我们就应该主动道歉。要不要道歉、在什么时间及用什么方式道歉取决于你自己。道歉的方式有很多种，你可以给他画幅画，帮他一个忙，或者简单地跟他说句'对不起'。你也可以用你自己的方式向他道歉。我不会盯着你道歉，我想把这件事交给你自己去做。"

说完这些话，我们可以离开，而且不要去查看情况如何。一些孩子会去道歉，也有人不会。嘴上不道歉并不意味着心里不觉得抱歉，有些孩子可能只是说不出口。愧疚的感觉会在他们心里扩散开来，帮助他们成长。对心里也不觉得抱歉的孩子，强迫他们道歉也没有任何用处。

然而，受伤的一方确实需要一声道歉，因此作为他们的抚育者，我们有义务承担起这一责任，确保他们收到道歉，至少我们自己要向他们道歉："很抱歉发生这种事。如果有人伤害你，你可以随时来找我，我会随时帮助你。"

平时需要怎么做

帮助孩子找到释放攻击能量的合理方式

假设有个孩子总是攻击班上的其他同学。现在，请把这个孩子的挫折感想象成大便（很抱歉这么比喻，不过这个比喻最形象了！）。这个孩子需要排便，而我们通常的应对方法却是：只要他们能忍住一天不排便，就会受到奖励和表扬，夸他们做得非常好。作为一个认真负责的孩子，他竭尽全力把大便憋在体内。憋了大约一周之后，体内滞留的粪便会多到无法承受，必须排出体外。大便在憋了这么久之后喷泻而出的场面相信大家都能够想象出来。

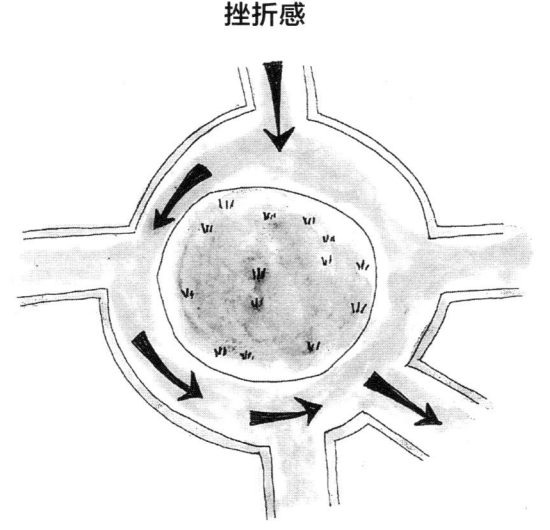

挫折感

释放

（释放部分情绪，以免情绪太满，溢出到其他地方）

我们经常这样对待有攻击性的孩子。只要他们忍住不爆发，我们就会奖励或鼓励他们。但是，如果这个孩子尚未适应，也无法克制自己的冲动，那么挫折感就会不断在他们内心翻涌。因此，我们的目标不是让孩子压抑情绪，而是帮助他们用合理的方式把挫折感宣泄出来，合理的宣泄不会伤及自己和他人，不影响与他人的关系。

如果发现某个孩子有攻击他人的苗头，可以用一些简单的方法让他们把攻击能量转向其他对象。我们可以请这个孩子做下列事情：

- 扔球
- 用剑打斗
- 粉碎垃圾
- 踩泡泡包装纸
- 抖开地垫
- 扫地或擦地
- 敲黑板擦
- 整理书籍
- 搬家具

我们可以根据孩子的爱好为其量身定制发泄方法。例如，喜欢运动的孩子，可以让他们去投球或踢球；喜欢撕东西的孩子，可以让他们把废纸撕碎然后扔进垃圾桶。这些都有助于释放部分因挫败而郁积的怒气。

不让孩子知道这样做的目的，效果会更好。因为如果明确告诉他们，会让他们觉得这是在惩罚他们，从而拒绝配合。或者会因此感到难为情或尴尬，那样也会影响发泄的效果。

因此，最好是让孩子去做一些消耗精力的事，但不要告诉他们做此事的目的。例如，如果有孩子需要发泄情绪，就可以问问孩子要不要一起出去踢踢球或者做一些他们爱做但没有伤害性的事情。有的人会问孩子："你是不是不开心？要不要听会儿音乐？"这种问法得到的答案经常是："不用，我很好。"其实完全没有必要问这些问题。只要看到他们伤心难过或垂头丧气，那就代表他们需要发泄，这时我们可以主动为他们提供发泄的渠道。

设置发泄空间

和孩子建立情感联结，让孩子在感到沮丧时相信我们能陪伴他们，久而久之，也有助于减少失控行为。但是，即便让孩子定期参加情绪释放活动，有些低龄段上学的孩子，由于不具备冲动克制能力，也可能挫折情绪郁积太深，因此，理解幼儿需求、疏导幼儿挫折情绪，为孩子提供"情绪释放空间"很重要。面对表现出攻击性的孩子，我们要允许他们自然流露情感，通过情绪释放活动或安全的释放空间来表达挫折感，而不是试图去分散他们的注意力或者让他们平静下来。

在加拿大魁北克省，有一所学校通过为孩子设置情绪释放空间，成功减少了校园里的攻击性行为。这个房间主要供 4～8 岁的孩子使用，因为他们尚不具备克制冲动的能力，经常会在教室里发脾气。房间里每次只许一名孩子及所需员工进入。此类空间更适用于年纪较小的孩子。年纪较大的孩子和青少年有可能会因为太害羞而不愿意用如此明显的方式发泄情绪，而年纪较小的孩子一般不会有这种感觉。

情绪释放屋

伊娃·戈斯托尼心理学家

行为管理卓越中心

加拿大魁北克省

我是一名校园心理学家，在学校工作已有 40 余年。在此期间，我辅导过很多存在学习问题和行为问题的孩子，其中最受关注的便是经常突然爆发情绪的孩子。就连看起来无伤大雅的事情，也会引发这些孩子的强烈反应，比如要求他们完成一项任务或摘掉帽子、制止其某种行为或其无法得到想要的东西，或者手上没有"正好需要的"铅笔或蜡笔，等等。紧接着就会发飙：咒骂、大喊大叫、扔东西、掀桌子、抓起纸来撕烂。

学校老师总是想尽一切办法去控制这些行为，但是似乎没有收到任何效果。奖惩手段只能暂时缓解，随后却会令情况更加严重。把问题孩子隔离开来，虽然可以确保其他人的安全，但隔离结束后，问题孩子会变得更加沮丧。还有一些学校费了很大力气去阻隔有可能点燃孩子情绪的状况出现。许多学校发明了"冷静"空间，却被失控的孩子毁掉了。我一次又一次地问自己：我们还能做点什么来帮助这些显然正处于困境之中的孩子？肯定是有什么地方被漏掉了。

直到我学习了诺伊费尔德博士的"情绪科学"课，我才意识到，被漏掉的就是可以让孩子们表达内心翻滚情绪的空间。对于大多数年幼的孩子来说，这个情绪就是当生活中发生不如意的事情时产生的沮丧情绪。他们生活中的不如意有很多：妈妈得了癌症、爸爸"忘了"周末来接她、家里没有足够的食物……

如果一个孩子是怀着满心的沮丧来上学，那么到了学校，他的情绪会更加沮丧，因为学校里还有其他沮丧的事情在等着他：要早起、挤公交车、没有朋友一起玩、要在拥挤的走廊脱掉防雪服、要安静地坐着、不管做什么都要排队、要做一些很难的事情、不能做自己喜欢的事情、可能没有人理解自己等等。

所以，孩子的沮丧总会在学校的某个时间爆发并倾泻而出。人被沮丧感"驱使"，会试图让事情按照自己的想法发展，这时大脑就会分泌肾上腺素、皮质醇和其他激素，而这些激素会促使人产生攻击行为。

因此，不要过早地去制止这种情绪爆发行为或试图让情绪崩溃的孩子冷静下来，这种情绪要先宣泄出来，而后才能得到解决。解决沮丧感有两种办法：改变现状或适应挫折。适应挫折是指撞上"徒劳之墙"[1]之后的反应，而这种反应要印刻在脑海之中，只有这样，心中的情绪才会转变为悲伤，很多人还会为此哭泣。对于孩子来说，生活中的很多事情他们都无力改变，因此，他们必须设法适应这一状态。但在适应之前，他们需要释放部分沮丧情绪。

答案似乎很清楚：我们要在家里创造一个空间，在这个空间里，孩子们可以安心地释放因沮丧而产生的攻击能量。我们可以在家里设置冷静角，里面布置得漂亮、温馨一些，孩子们可以在这里享受到片刻宁静，但这里不适合已经有攻击性情绪的孩子。

我在家里就为孩子专门设置了这样一个空间：湛蓝色的天空，松软的白云，还有一棵枝繁叶茂的大树。一开始孩子们对此可能会有些警惕，于是我就让他们到房间里参观并试用里面的材料——泳池浮条、填充动物玩具、大小不一的枕头、气泡垫等，并告诉孩子们，每个人都需要有个地方能让自己时不时地通过"击打"和"尖叫"释放一下情绪。有些人需要大声喊叫，有些人需要乱扔东西，也有些人喜欢击打东西或者跺脚。而这个房间，就可以用来发泄情绪，同时还不会伤害到其他人。他们可以用泳池浮条敲打墙壁、乱扔枕

---

[1] 徒劳之墙是诺伊费尔德博士提出的概念，指接受自己无力改变现状的事实。

头或者使劲儿跺脚。

当孩子表示疑惑时，父母还可以亲自示范，并不时地带一个还未在这里"爆发"过的孩子进来，鼓励他"发泄"。

有人可能会问，如果鼓励孩子们大喊大叫、跺脚、乱扔东西、击打东西，会不会让他们养成用这种方式去发泄沮丧情绪的习惯？如果我们的帮助止步于此，那情况确有可能如此。但是，我们并没有让孩子们去独自面对自己的强烈情绪。父母可以在那里帮助他们"发泄"：指出这种情绪是什么，让他们去用心体会自己的内心感受，比如沮丧和焦虑，最后引导他们为自己的无能为力感到悲伤。若他们能走到这一步，且情况合适，父母就可以温和地引导他们去认识自己的复杂情感，并仔细思考到底发生了什么事。

过了一段时间，孩子们开始慢慢地相信，如果遇到不如意的事情，他们就可以到这间屋子里尽情发泄自己的情绪。我家的情绪发泄屋已经用了五年多，它给孩子们带来了巨大改变：孩子的攻击行为越来越少；孩子们学会了用语言来表达自己的内心感受。他们知道，当事情不顺利的时候，有个安全的地方可以供他们发泄，他们可以在关爱自己的成年人的陪伴下放心地哭泣。这里见证了孩子们在成长过程中遇到的各种问题，其中不仅包括行为问题和情绪问题，还包括学业问题。他们得出的结论是：情绪发泄屋确实能显著改善他们的生活。

制订防范计划

我们可以制订防范计划,帮助攻击者克制自己的攻击欲望,直到其具备克制冲动的能力。"我们要计划一下如何应对你的这些情绪。例如,如果你发觉这些情绪露出苗头,可以来找我。想咬人的时候,你可以咬自己的衣服、用拳头砸东西,等等,只要不伤害到其他人就可以。"

虽然冲动来袭的那一瞬间快得让人来不及反应,即便有计划也不意味着万无一失。但就此事进行探讨并制订相应的计划,可以在孩子心中埋下种子,让他们知道除了攻击还有其他选择。

为攻击者打造心理援助网

我家有一项"空降计划"。按照该计划,家里的每个人会互相支持,以满足孩子的需求。例如,如果我发现孩子行为失控需要帮助,我可以把问题传达给另外一个家人。这一举动是在孩子不知情的情况下进行的,我们会用各种不同的"暗号"来告诉彼此:孩子现在需要帮助。例如,我会给这个孩子一个黄色的信封,让他交给爸爸。收到这个信封后,爸爸就会明白,他过来是为了接受帮助。信封内其实没有什么重要信息。

接着,爸爸会请他帮忙:"嗨,我有点事情需要帮忙,你愿意帮我吗?"有人请自己帮忙,这会让孩子觉得十分荣幸,因此一般都会答应。接下来，爸爸就会陪孩子度过一段快乐的时光，直到孩子的怒气平息下来。爸爸交给孩子的事情也许是整理书架，也许是打扫或整理图书，如果是年纪较小的孩子，则会相对轻松一些，比如一起读书。有些孩子需要多加交流，有些则需要释放压抑的情绪，应根据当时的情境来决定。

在孩子自身尚不具备克制冲动能力之时，这类计划能为其提供极大的支持和帮助，同时也不会像"罚站"之类的惩罚手段一样加剧孩子的挫折感。

执行此类空降计划时，要经常更换"暗号"，不然孩子们会慢慢发觉信封的含义。把家改造成一个所有人互相帮助的地方，而不是留父母中的一方在家里单打独斗，会有助于帮助父母解决很多育儿难题。只要你需要帮助，就会有人"空降"到你身边，想想就觉得美好。互相帮助，成为一个团结的大集体是多么美妙的一件事！

针对青少年的特别建议

一个七岁的孩子可能会欣然接受打鼓或跺脚五分钟等活动，而十几岁的孩子则会觉得很不自在，即便是在私密性良好的房间内也放不开。针对青少年，可以用其他更加含蓄、更加自然的方式让他们释放攻击性能量或发泄情绪。例如，可以让他们参加释放攻击能量的体能项目：跳舞、瑜伽、武术和远足、划独木舟以及园艺等户外活动。参与特定的情绪释放活动是一种非常有效的情绪释放方式。

帮助孩子表达沮丧感

假设你现在心情很不好,而你的伴侣、朋友或家人都劝你要冷静。"你真的需要冷静一下。我建议你现在多做深呼吸。"即便他们是对的,但以当时那种愤怒的状态,我想没人能听进去这些话,而且会觉得更加烦闷!

假如情况相反,你的伴侣、朋友或家人对你说"我很理解你为什么不开心""很抱歉这件事让你这么难过",或者"你今天过得太辛苦了",我们的沮丧感就会少一些。

同样,当孩子心情不好的时候,劝他们冷静下来只会加剧他们的沮丧感。安抚情绪的活动可能对一个孩子有用,但绝对不适用所有孩子。一些正在发脾气的孩子会拒绝去做平静心绪的事情。"我现在不想平静地呼吸!我很生气!"相反,如果我们能够接纳孩子的情绪,并给予他们发泄情绪的空间,待他们主动恢复平静,这种改变将是由内而外的,会更加可靠。

除此之外,在条件允许的情况下,父母可以为孩子提供情绪发泄渠道。比如鼓励孩子参加戏剧表演、剧本创作、合唱团、歌咏会、美术班与美术俱乐部、舞蹈班、管弦乐团、乐队、诗社和电影俱乐部等。这些活动,父母也要尽量参与其中,与孩子互动,去指导他们参加活动,这也是与孩子建立关系的绝佳时机。

除课外活动外，还可以在家里开展更为直接的沮丧情绪发泄活动。通过这些活动，孩子可以说出自己的感受，从而更好地认识这些情绪。孩子还可以通过这些活动来发泄和表达自己的情绪。

以下是几种父母可以鼓励孩子在学校参加的活动。

一、创意写作。

写作是人们认识情绪、表达情绪的一种有效途径。当然，不是每个孩子都知道如何通过文字来表达自我，但只要为他们设定好框架，再加上一些提示，一些孩子就能够做到。写诗和写日记是实现这一目的的两种工具，且功能非常强大。

例如，感官诗就是一个很好的提示，这种写诗方式需要调动孩子所有的感官（嗅觉、味觉、听觉、触觉和视觉）。这种诗歌创作活动适用年龄范围很广，可以用于五岁小孩（一对一，孩子口头创作，大人负责记录成文）到高中生之间的所有人身上。这种活动为参与对象构建了充分的创作框架，同时又不像完全自由发挥的创作，让孩子不知所措。

对许多青少年来说，写日记是一种自我反思的好方法。一些孩子很喜欢用肢体语言或当着其他人的面表达自我，有些孩子则更习惯用文字来表达情绪。这种形式更加私密，只有自己或老师才能看到自己所写的文字。写日记不等于写作，我们可以帮助孩子发现其他写日记的方法，扩展他们通过日记表达情绪的渠道。

二、视觉艺术。

视觉艺术是人们表达情绪的一种媒介。通过色彩和形状来表达自我是一件特别惬意的事情，尤其是不期待成品看起来"美好"，效果则更佳。

具体采用何种形式，我们可以发挥创造力，比如自由涂鸦、画出情绪的形状和颜色，或者以情绪为基础创作生物或怪物等。视觉艺术还可以通过多种媒介和方式开展。比如剪下杂志上的照片贴在日记中、戴着烤箱手套画画等。

三、音乐。

无论是个人创作，还是和其他人一起创作，音乐创作都是极其有效的沮丧感发泄渠道。沮丧是什么感觉？每个孩子都可以自己随意创作，有时候创作出来孩子自己都会大笑起来，因为沮丧的音乐有点可怕。其实，创作这种音乐的过程以及随之而来的笑声，很大程度上疏解了孩子们的沮丧感。

此外，这一活动还能反映出孩子们各自对沮丧感的理解。例如，某个孩子可能会创作出节奏十分缓慢的音乐，慢到这段音乐听起来非常乏味无聊，而有些孩子则会创作出快节奏，但嘈杂刺耳的音乐。

这些情绪表达作品不分对错，通过分享这些作品，我们能让孩子明白，每个人都会有沮丧的时候，但具体感受并不相同。

四、律动和舞蹈。

律动，是指通过调动全身各个部位做出肢体动作来释放沮丧情绪。它不是要求孩子静止不动，而是利用他们的内在欲望，促使其通过肢体语言来释放焦虑和攻击性，这种情绪释放方式不会干扰或伤害到其他人，和体育运动效果类似。律动和舞蹈不仅以身体作为释放工具，而且还加入了音乐元素。音乐有一种神奇的力量，它能唤醒人们内心深处的情感。让身体随着音乐起舞，就能感受并释放自己内心的情绪。身体与音乐，堪称黄金搭档！

心理学家米哈里·契克森米哈赖和珍妮·纳卡穆拉曾用"心流"这一术语来描述舞蹈的能力和层次，发现其与智力截然不同。根据其研究，心流状态是个人及其所处环境共同作用的结果，是人在与外界互动之时，对其身上正在发生的事当时做出回应的一种状态。在舞蹈背景下，这种互动是发生在人与自己身体或他人身体之间的。处于心流状态之下的舞者会放弃对自我的束缚，不去要求自己跳出正确的动作，而完全是随心而动，身心放松。

进入心流状态之后，人不会期待得到任何特定信息或结果，而是任由自己随着外界涌现的信息做出自发反应。进入心流状态之后，人会有一种释放和轻松的感觉，放下各种思绪，完全进入到与身体的对话之中。契克森米哈赖称其为一种"最佳体验和最佳发展模式"，这不是知识，无法学会，而是经验，只能习得。

　　幼儿还没有受到规范观念的影响，所以对舞蹈动作还没有刻板印象，因此更适合通过律动来表达情绪。舞动身体，往往是他们最自然的自我表达方式。年龄较大的孩子一开始可能会觉得别扭，因此需要多给予一些支持，他们才能放开自己，全身心地投入。如果能克服孩子们最初的紧张感，让他们放心地去通过律动来表达情感，就能让这一活动发挥相当了不起的作用，帮助孩子获得、感受和释放最温柔的情感。

第12章

欺凌他人

想象如下场景：艾玛看到同学口吃，于是走到他跟前，用很夸张的方式学他结巴。她不停地取笑、奚落他，想让他在同学面前出丑。

或者这种场景：爱德华口头威胁其同学比利，说要抢走他的东西，而且还经常当着其他同学的面羞辱他。如果比利没有按照爱德华的话做，爱德华还会打他。爱德华似乎很喜欢吓唬这个男孩。

还有这个场景：克洛伊爱慕班上一个男生。她以为另外一个女孩伊丽莎白也喜欢他。每当伊丽莎白开口说话，克洛伊就会问大家："你们听到什么声音了吗？"好像伊丽莎白根本不存在。她还煽动别人和她一起排挤伊丽莎白。她还会编造一些子虚乌有的事情抹黑伊丽莎白，让其他人都讨厌伊丽莎白。如果有人想和伊丽莎白做朋友，克洛伊就会吓唬他们。因此，其他人也都取笑、嘲弄、羞辱伊丽莎白，还全都假装没有伊丽莎白这个人。因为克洛伊，伊丽莎白的日子过得非常艰难。

欺凌行为令人心生恐惧。我们也许有过这样的亲身经历：小时候被其他同学、哥哥姐姐欺负，每天都活在惶恐之中，或者长大成人后，被同事或领导欺凌。

即使没有过被欺凌的亲身经历，在人生的某个时刻，我们应该也遇到过别人被欺凌而自己却不知所措的场面。欺凌不同于攻击性行为，后者是强烈的沮丧感不断积累的结果，而欺凌则更倾向于恶意为之。恃强凌弱者总是瞄准他人的弱点：他们看到了别人的需求，却不去满足他们的需求，而是利用这一需求。

欺凌行为背后的真正原因是什么

为了理解欺凌行为，我们先要了解什么是引导者。引导者是指擅长引导他人的人。有引导者，通常就有被引导者，被引导者要服从引导者的命令。从心理发展的角度来看，人与人的互动有两种模式，即领头模式和依赖模式。我承认这两个词语都有负面含义。例如，"领头"一词可能会让人联想到小混混头目，或者某些盛气凌人的人。"依赖"一词同样也会带给人不好的联想，在这个崇尚独立、视依赖为弱者标志的世界里，其负面含义尤其突出。然而，人类天生就需要在某种情况下依赖他人、在其他情况下引导他人，具体是依赖还是引导，取决于相应背景和我们所处的人生阶段。

我们可以把引导者和被引导者比作供应方和需求方。在领头模式中，我们是满足他人需求的供应方；在依赖模式中，我们是被满足需求的需求方。理想情况下，与朋友和爱人的关系是一种双向满足关系，即彼此互相满足对方的需求。而作为一名家长或抚育者，与孩子或被抚育者的关系则完全是单向满足，孩子们不应该对我们负责，至少在他们仍是孩子、需要我们照顾时是如此。

处于领头模式中时，如果我们的角色与之匹配，就能收到最好的效果。例如，我们是父母，那我们自然而然就是领头人，是孩子的供应方。这种引导是理所应当的，甚至是必不可少的，因为孩子是需要被满足的需求方。优秀的引导者必须对孩子有一种责任感，要关心孩子，和孩子建立真正的情感联结。

理解了这一点之后，我们可以用下述公式来描述关怀型向导：

| 处于领头模式 + 对被抚育者 + 发自内心地关心 = 关怀型 |
| （即供应方） 有责任感 被抚育者 向导 |

欺凌别人的孩子，通常会被贴上"恶霸"的标签。在人们看来，欺凌他人的孩子就等于恶霸。

那么，这与欺凌行为有什么关系？首先，"恶霸"的主要特点之一就是缺乏爱心。但人是脆弱的，最开始本应具备感知自己情绪的能力。但如果一个人受伤太多，为了保护自己不受伤害，就会长期处于防御模式，而深陷防御模式的人，基本就不会有任何感觉，即我们看到的没有爱心。

比如第一个场景中的艾玛，欺负说话口吃的同学，学他结巴，还嘲笑他，缺乏起码的爱心。虽然不了解她的任何背景信息，但我们基本能够猜到她身上一定发生过什么事，她的大脑暂时开启了防御模式，而且她的感知能力现在还未恢复。

可以放在我们开始说的两种关系模式——领头和依赖——中来看。对艾玛来说，依赖任何人或任何事，都会让她陷入非常容易受伤的境地，更何况现在她的防御模式火力全开，想让她去依赖谁更是难上加难。因此，可以默认她处于领头位置。她内心觉得自己不该听从别人的指令，而是去指挥别人。但是，这种引导与正常的引导区别很大，因为缺乏多个构成真正引导关系的核心要素。首先，她没有需要引导的人，至少没有任何人期待被她引导。其次，她显然缺乏责任感，也没有相应的关怀之心，而这种关怀之心是引导者的必备要素。一方面，她强烈要求别人顺从她，而另一方面，她似乎对别人的需求一无所知。

不过，也不能说艾玛对欺凌对象的需求一无所知。相反，她非常准确地解读出了对方的需求，确切地说是感知到了对方的弱点。她知道什么是口吃，但她不仅没有去保护这个孩子不被羞辱和嘲笑，而这是有关怀之心、有责任感的领头人会做的事，反而利用对方的这一弱点，在其伤口上撒盐。她成了耻辱和伤害的始作俑者。她情感迟钝，不是用关怀的方式去回应对方的需求，而是冷漠对待对方的弱点。

下表列出了"恶霸"的构成因素：

处于领头模式	+	对其负责照管的人没有责任感	+	对其负责照管的人没有关怀之心	=	欺凌行为

所以，我们看到，缺乏责任感和关怀之心的人，不应该身处引导之位。否则，欺凌行为就开始上演，就会有人受伤。不过还好，我们可以让艾玛恢复正常的情感。在探讨解决办法之前，我们从同样的角度简单看一下爱德华的欺凌行为。

爱德华对同学进行人身威胁，吓唬对方，还不断偷他的东西。对照欺凌行为公式可以发现，显然，他处于领头模式中，对别人没有关怀之心。而被欺凌的比利，曾经肯定在爱德华面前展现出了自己脆弱的一面——他怕爱德华。爱德华察觉到这种惧怕心理后，欺凌场面就开始上演。比利的弱点让爱德华有一种凌驾于他之上的优越感，而这种感觉让爱德华上瘾。

那么，克洛伊又是什么情况？克洛伊以为伊丽莎白和她喜欢同一个男孩，于是对伊丽莎白采取冷暴力。在克洛伊的案例中，是同样的欺凌心理在捣乱。在这一场景中，克洛伊身处领头模式，她认为那个男孩是她的"私有财产"，他是她的人。这种关系是否真实存在并不重要，重要的是他被打上了标记。

现在，不管是谁想要阻止克洛伊对这个男生感兴趣，都会激发克洛伊的领头欲望。随后，克洛伊以自己为首并集结帮手展开竞争，然后诱导帮手将矛头对准伊丽莎白。很不幸，旁观者会出于害怕，稀里糊涂地成为欺凌者的帮凶。

艾玛、爱德华和克洛伊的问题都在于：因为怕受到伤害，把情感掩藏了起来，尤其是关怀之心。他们为何会把如此重要的情感掩藏起来？这都是因为大脑有一套保护我们的系统，如果感知到了威胁，它就会主动开启防御模式。这种威胁可能是过去发生的某件事、一次难以承受的分离，比如分娩创伤、无法亲近的父母和住院治疗经历；也可能是当下正在发生的事情，比如父母争夺监护权或父母一方生病；还可能是情境性或暂时性的，比如转校、家庭冲突或与其他同学关系紧张等。所以要解决他们的欺凌行为，我们要做的是恢复他们的关怀之心，恢复感知情绪的能力，帮助他们卸下心房，创建安全感。

当下需要怎么做

那么，我们要怎样做才能让他们的心软下来，恢复应有的情感？如何修复他们的同情心和对外界情况的察觉能力？最后，怎样才能给予他们充分的安全感，让他们可以放心地去依靠有能力照管他们的人，而不必深陷"领头"泥潭无法自拔？

第一，我们必须用坚定、明确的行动向欺凌者表明：他们的做法不对。我们绝对不能回避欺凌行为，处理时不能有丝毫犹豫。

第二，我们要告诉受欺凌者，如果自己的人身安全受到威胁或受到欺凌，应当告诉父母、老师或其信任的其他成年人。

第三，我们要帮助"恶霸"改变。

我们要改变的不仅是"恶霸"的行为，还要改变欺凌者的内心，真正帮助欺凌者去成长改变。我们需要与孩子恢复关系。这一举动可以为他们打开一扇门，让他们不会认为自己"坏透了"，也许仅靠这一举动，就能在包裹他们内心的坚硬外壳上凿出一条细小的裂缝，或许透过这一缝隙，在未来的某一时刻就会有情感渗入他们的内心。

平时也可以带孩子去参加一些关爱幼儿和老人的活动。例如，位于温哥华岛维多利亚市的詹姆士湾社区学校，是一所社区附属学校。这所学校的小孩子每周有两次机会到社区中心帮老年人摆桌子和准备晚餐。他们还会帮忙把腿脚不便的老人扶到餐桌边，或者帮忙做些其他的事情，好让老年人愉快地享受晚餐。一段时间过后，他们之间建立起了亲密的关系，而孩子们由此养成了扮演照顾者角色的习惯。最后，他们发现自己能够看到别人的需求，而且生出对他人的同情心。

父母在家也可以让欺凌者扮演照顾者角色。通常情况下，孩子们只会欺凌同龄人，因为他们把同龄人视作要取代的竞争对象。这时，可以让欺凌者去照顾绿植、动物或年龄更小、没有威胁性的孩子，通过这种方式来唤醒他们的爱心。

有一个同理心生根计划（Roots of Empathy），原理也是类似。该计划每年都会邀请一位母亲带着她的宝宝每隔三周来一次学校，然后让孩子去观察婴儿的发展过程并与之互动。孩子们会观察这个婴儿的成长情况并探讨宝宝的需求和感受，当然这一过程是在非常安全且有人监督的前提下进行的。通过这一计划，很多孩子了解到婴儿的需求，产生了很强的保护欲。他们对这个婴儿的关怀之心也与日俱增。此外，也有很多孩子开始意识到，自己和其他同学就像这个婴儿一样，也有感受。这个计划让他们明白，他们曾经都是婴儿，虽然现在他们已经长大，但仍需要别人的爱和关心。他们只是长高变重了而已。

受欺凌者需要怎样的帮助

对于受欺凌者，重中之重便是要确保其安全，包括人身安全和心理安全。被欺凌的孩子经常会觉得是自己做错了事，也许自己应该坚强些。被别人发现自己的弱点，会让孩子们觉得难堪，被人攻击弱点更是会让他们觉得耻辱。所以，我们要对他们因被欺凌而承受的心理煎熬表示同情；还要向他们肯定一点，欺凌这件事并不是针对他们个人，他们并没有做错什么。此外还可以跟他们解释，有些人暂时无法像我们一样去关心他人，因此才会伤害别人，而后要再次强调，正因为如此，欺凌者其实也是需要帮助的一方。

另外，要让被欺凌的孩子知道，能将此事说出来并告诉你，他们真的非常勇敢，不只是他们，成年人也会因为害怕而不敢告发欺凌者。欺凌者的所作所为就是要灌输恐惧，所以敢将欺凌遭遇告诉自己信任的人，这需要莫大的勇气。

此外，我们可以提醒他们想想最在乎谁说的话。我们可以和被欺凌的孩子坐到一起，然后问问他们，在他们的生活中，哪些人的意见对他们来说至关重要，还可以在纸上列出名单，加深记忆。"你知道哪些话是真的吗？我怎么看你？你在乎的人怎么看你？"尽管此举并不能抚平被欺凌者受到的伤害，但可以提醒孩子，除了信得过的人，别人说的话都不要在乎，这样至少可以减少他人诽谤对他们的刺激和伤害。

孩子们需要知道，他们可以随时找人倾诉，随时得到帮助。提醒他们关注自己的力量和勇气以及对他们的感受表示同情，都可以帮到他们。为了满足被欺凌者对安全感的需求，我们应提供给他们觉得舒服自在的空间，同时用陪伴来给予他们安全感，维护他们的自信心。

旁观者需要怎样的帮助

大部分人都属于旁观者。几乎所有人都有过这样的经历：看到有人在侮辱或嘲笑他人，整个人都被吓住了。虽然心里很不舒服，但被恐惧主导的我们往往会选择袖手旁观。毕竟，害怕是人之常情。欺凌者的目的就是让人害怕自己，因此，要站出来反抗他们需要极大的勇气。因此，当孩子是旁观者时，我们要打消他们的顾虑，让他们可以放心地找我们倾诉。要让他们知道，即使他们目睹了欺凌行为却置身事外、不作为，不管是一次、两次、三次还是更多次，都不会被怪罪。

不要说"如果你看到欺凌行为，要大声说出来"，承认站出来反抗欺凌是件很难的事。"出面反对欺凌行为是件挺让人害怕的事，很多人都不敢走出这一步。你可能担心这么做会让你失去所有的朋友。欺凌者是想吓唬你，所以你觉得害怕很正常。想反抗不容易，我也觉得如此。"

年龄较大的孩子和青少年常常会因为曾经选择袖手旁观而感到内疚，所以我们要告诉他们，如果用积极的目光去看待，内疚感其实是一件礼物。它的存在不是为了打倒他们，也不是为了让他们沉湎其中。内疚感是内心向我们发出的一种信号，可以帮助我们回到正确的轨道，推动我们向前。因为曾经的不敢反抗而沉湎于过去无法自拔没有任何意义，但我们可以利用这种负疚感，促使自己在未来做得更好。

让我们帮助旁观者放下顾虑，并告诉他们，我们看到了他们的坚强和勇敢。让他们知道，也许他们曾经想站出来却不敢，但无论何时迈出这一步，都不算晚。当他们勇敢站出来，找到我们说"我希望那会儿我能说点什么，但我不敢"时，我们可以这样回答："害怕很正常，这件事确实很难。"然后告诉他们：听到了内心深处那个微小的声音，这是件好事；这个世界需要这样的声音，才会变成一个公平公正、充满爱心的世界。告诉他们,这并不是什么大事,每一次细微的关爱、每一次勇敢的行动才是能够改变这个世界的力量,而他们的行动就是为这种改变做出贡献的一分子。

如何守护孩子在学校的情绪健康

Reclaiming Our Students

第三部分

对孩子来说，

最重要的不是我们能做什么，

而是我们在他们心中扮演的角色是什么。

—— 戈登·诺伊费尔德博士

第13章

老师的引导风格对孩子情绪健康的影响

在大部分人的记忆中，都有一位令自己印象深刻的老师。这位老师让我们觉得自己特别重要，让我们有努力学习的欲望。他身上总是有一种令人信服的力量，我们总是被其吸引。他不需要用惩罚或奖励的手段来让我们专心听课，他的热情就足够激发我们认真听课、努力学习。我们想让他看到我们的优点和才华。

他们是《死亡诗社》（*Dead Poets Society*）里罗宾·威廉姆斯扮演的基丁老师，是《放牛班的春天》（*Les Choristes*）中帮助多名问题男孩改变了命运的马修老师，是《自由作家》（*Freedom Writers*）中的艾琳·古薇尔老师。

他们身上总是有魔力让孩子"乖乖听话"，不用恳求，不用贿赂，也不用惩罚。他们甚至还可以让最冥顽不灵的孩子也心服口服。这些老师好像单凭直觉就知道怎样让孩子尊重并服从他们。

这些优秀的老师不是简单地和孩子成为"朋友",也不是像教官一样严格。他们与其他老师的不同之处是与孩子建立了某种信任的关系。这种关系不仅改变了孩子,也让他们在教学上更加得心应手。

老师的教导方式有何重要意义

假设你新入职一家单位,你见到了你的新领导。你发现新领导缺乏果断。你的心一下子沉到了谷底。

你都能想象接下来的工作状况,同事之间有不同的观点很正常,但领导却不知道该如何做决定和化解分歧。

现在,再来想象一下与之相反的情形:到了新单位,你发现领导比较独裁,他奉行独裁主义,采取行动时也非常果断。他非常清楚自己想要什么、下属要做什么。不过,这种情况下会出现另外一种问题,那就是你不敢接近领导,很怕和领导交流想法,因为你很难确信领导会给你什么支持。对于这样的领导,你会觉得指望不上,你关心的只是不要自找麻烦,尽量安安稳稳地度过每一天。

这两种领导,一种是缺乏领导魄力,没有担当,一种是认为领导的话就是命令。如果能想象在这种性格的成年人手下做事会面临什么样的压力,那么我们就能体会到老师的不同引导风格会给教室里的孩子们带来多么大的压力。

回避型老师

有些老师在某一刻曾怀疑过自己，怀疑过自己的教师工作，在刚刚踏入教师行业，需要面对很多刺头孩子或刚接管新班级时，这种怀疑尤为强烈，这种自我怀疑会使老师回避课堂上的引导者角色。

有时，老师说话的语气会让学生感到他的紧张或者有些不自然。老师说出的话不像指令，更像是询问。例如，老师不是告诉孩子"所有人都到教室中间围成一圈坐下来"，而是"嗨，大家能不能围成一个圈坐下？可以吧，各位同学？"。

给出指令时畏首畏尾，也许是害怕孩子会发脾气或引发他们的集体反对，也许是希望这种小心翼翼能换来他们对自己多点喜欢——或者至少这样可以不必面对令人头痛的对抗或攻击性行为。有这种想法非常正常，很多班上都是有几十名学生，有些同学的行为表现让人感到非常棘手。老师没有外部支援，都是一个人努力地硬扛，在这种环境下去挑战孩子的底线必然会感到紧张。

也有些情况下，老师会尽量避免表现得过于严格或专制完全是出于一片好心，希望能给孩子留下发声空间。老师想营造一种课堂氛围，这种氛围有利于开发孩子的创造力，促进他们的学习，让他们为自己的学习做主。因此，老师可能会纠结自己到底有没有权利引导学生，过于严格会不会忽视了他们的需求，剥夺他们自己做决定的权利。如果老师提出的要求引得孩子唉声叹气，老师会质疑自己："让他们做自己不想做的事情真的好吗？他们是不是不尊重我了？我是否伤害了他们的自尊心？"这种现象很常见，但是，如果老师在引导孩子时犹犹豫豫，就会产生很多问题，因为孩子不接受无效指令。

因此，当老师不能果断挑起课堂引导者这副担子时，课堂教学就很难顺利进行。没有成人的指导和关怀，孩子无法获得情绪安全感，就会表现出各种问题行为。例如，由于缺乏明确的成人指导，一些孩子觉得自己已经掌控了一切，于是变得专横跋扈。孩子们的心理尚未成熟到可以正确处理这种情况，因此只会感到焦虑。有些孩子可能只是拒不配合，或者表现出对老师的不尊重。而对于孩子们来说，这种课堂毫无趣味可言，也不能让他们爱上学习。老师在这种课堂教书也感受不到任何快乐。

专制型老师

在学校，很多孩子都表现出不守规矩、攻击性强或专横跋扈等问题，应对他们，需要强有力的引导。尽管如此，有时为了让孩子守规矩，老师会过于依赖比较蛮横的方法——取消课间休息、课后留校、大声训斥或用冷淡的态度对待孩子。这些都是万不得已才会用的办法，比如当老师的耐心消磨殆尽时，或者他们真的不知道还能做什么时。有时候，这些办法确实让课堂秩序有了一些好转，但却不是帮助孩子们学习、成长和发展的最佳方法。要想知道为什么，我们先来看一则伊索寓言：

一天早上，北风和太阳看到路上有一位行人穿着一件漂亮的新斗篷。

"那个年轻人看起来对自己的这身行头很满意。"北风说，"不过，只要我愿意，我就能不费吹灰之力让他把那件斗篷脱下来。"

"我不认为你有这种本事。"太阳说道，"不如咱俩来比试一下，看谁能让他脱下那件斗篷。你先来。"

于是北风开始不停地吹啊吹……吹得人们的帽子掉了一地，树叶也哗哗地往下落，所有的动物都害怕极了。港口的船只也被风吹得沉没了。

北风用尽浑身力气吹着，但是一点用也没有，因为风让那个行人把自己的斗篷裹得更紧了。

"现在轮到我了。"太阳喊道。

太阳发出了一道温暖的光芒，在它的光芒照射下，昆虫欢快地鸣叫起来，花儿竞相绽放，小鸟也唱起了动听的歌儿。动物们纷纷躺在太阳底下打起了盹。村里的人们也都走出家门，坐在太阳底下闲聊。

那个行人觉得很热，于是脱下了他的斗篷。

北风使出浑身解数想逼迫那个行人脱下斗篷，结果却一败涂地。北风没能让那个行人脱下斗篷，刺骨的冷风反而让他把斗篷裹得更加严实，而且还给他周围的人带去了恐惧和伤害。

太阳知道温暖比愤怒、强迫或恳求更加强大。太阳知道，只要力气够大，别人就能把那个行人的斗篷扯下来，但是给他以足够的温暖，就能让他主动将斗篷脱掉。太阳明白，只要给人创造合适的环境，人就会改变。当我们用温暖和安全对待这世界时，这世界也将敞开怀抱拥抱我们。

温暖与压力

只要孩子有感知温暖的能力，就能体会到老师的关怀。不同的老师传递温暖的方式也不同。一些人是用传统的、容易识别的方式来传递温暖（比如面带微笑和面露慈祥），而其他人可能只是眼里闪着某种光。有些人可能表面上看起来粗鲁，但其实心地善良，内心充满了温情。

大部分孩子感知温暖的神经都非常发达，能感受到来自老师的暖意。对他们来说，老师只要是温暖的，他们就能感受到。但对有些孩子来说，那些比较微妙的温暖表达方式会更难被察觉。例如，有过童年创伤、曾被虐待或被忽视，以及在父母经常吵架的家庭中长大的孩子，可能会把中性的面部表情解读为"生气"或"气愤"。自闭、高度敏感或不满七岁的孩子也更难觉察老师用微妙方式传达的温暖和发出的交流邀请。因此，这些孩子需要老师给出更诚恳、更明确的信号，这样他们才会有足够的安全感去依靠老师，把自己交给老师照顾。

在认识一个孩子之前，我们并不知道他曾经历过什么，也不知道他和其他成年人之间是否有过不愉快的经历。如果我们没办法赢得某个孩子的心，那就该考虑一下：这个孩子是不是需要我表现得更加热情、更加直接一些？

面对课堂上的重重问题——孩子走神、更喜欢玩手机、对讲述的内容不感兴趣等——很多老师经常会像北风一样，除了用更强硬、更专制的手段，别无他法。

表面上看，由专制型老师管理的课堂似乎比胆怯或优柔寡断的老师管理的课堂更有秩序，孩子似乎更安分、更遵守纪律。但是，这种课堂存在一个问题：这种课堂上的孩子，之所以听从老师引导，不是出于好奇心，也不是出于对学习的热爱，而是出于恐惧。

在被恐惧主导的课堂上，孩子和老师都没办法得到很好的发展。恐惧是好奇心的坟墓，处于恐惧之中的孩子无法获得真才实学。

在这种课堂上，许多孩子会努力做"好孩子"，并想方设法让自己不要惹上麻烦，但被恐惧支配的他们可能会变得非常焦虑。因此，尽管这些孩子表面上在听课、很听话，但付出的代价却是他们的情绪健康。

其他感觉受到逼迫的孩子，则会有不同的反应：他们会进行抗议，而且有些反抗会非常强烈。许多孩子则会表现出不配合或非常生气的样子，表现出对老师的不尊重。他们不仅觉得老师没有"站在他们这边"，还会觉得老师就是来给他们找麻烦的，是在"针对"他们。

除此之外，这种课堂还会形成一种消极的课堂文化。受其影响，班上的孩子会分成两个阵营："好"孩子和"坏"孩子、"听话的"和"不听话的"孩子。"好"孩子体内的警报系统会不断被激活，严重的焦虑情绪令他们表现出让人担心的行为。相比之下，"坏"孩子则会被迫与老师对抗。两大阵营的孩子还会互相镇压。面对这种局面，老师可能会觉得只能用更加强硬的手段来逼迫孩子遵守纪律，但这只会导致恶性循环，制造出更多的恐惧、焦虑和对抗。

所以，身为父母，我们要正确看待老师。好说话的老师不一定就好，不一定对孩子的成长有益；要求严格的老师也不一定好。重要的是，我们要看到：孩子是否能适应老师的管理风格，能否正确看待老师的某些行为。

老师在孩子的学业生涯中起着重要作用，一位好老师对于孩子的情绪健康是意义深远的。然而，现实中很多孩子未必能遇到治愈他们的好老师。在这种情况下，父母的作用更为重要。父母要正确看待老师的行为，当孩子受到老师的不公正对待时，父母要站在孩子前面为孩子遮挡风雨。

第14章

如何判断老师的好坏

好的老师是孩子需要的关怀型"领导",是孩子的指南针。

在理想状态下,老师可以成为孩子寻求支持、信息、方向和知识的指南针,帮助并引导孩子学习。如果孩子不认可老师的引导角色,孩子就无法相信老师可以在他们遇到困难时给予帮助。

在理想状态下,最好的老师是关怀型向导风格的,既温暖又坚定地为孩子引领方向。老师与孩子之间是信任关系。这种关系就像一块磁铁。在这种关系下,它能推动孩子去寻求老师的指导,让他们觉得在老师的照顾下很有安全感。同时,老师也能帮助孩子挖掘出他们的最佳学习潜力。在这种关系中,不用依靠强迫,仅仅依靠对老师的信任,孩子就会自觉听从老师的引导,乐于去学习。

帮助孩子与老师建立信任关系

想象一下，你正在一架颠簸的飞机上，这时你听到广播里传来飞行员紧张的声音："嗯……呃……请大家系好安全带好吗？"你会是什么反应？你可能会非常紧张，或者觉得需要掌控一下局面，于是开始指挥其他人："你没听见飞行员说的话吗？把安全带系上！"你可能会非常生气："那个飞行员是怎么了？难道他不知道怎么做好自己的工作吗？"

但是，如果飞行员是这么说的："各位乘客，我们现在遇到了气流，请各位回到座位上并系好安全带。谢谢！"语气礼貌但又坚定、冷静、自信，这样才能让乘客放下心来，让他们相信一切都没有问题，是安全的——飞行员正掌控着局面！乘客只需遵从飞行员的指令，然后静待问题解决。

在课堂上，假如老师就是那位冷静、自信的飞行员，当情况变得棘手时，他会向孩子传达一个信息：一切尽在掌握之中。孩子会觉得老师的指令可以信赖。如果老师看起来很犹豫，或者发出指令时很不自然，那么孩子就会对老师表示怀疑。

身为父母，老师是何种引领风格，我们无法干涉。但是，我们在孩子面前，首先要表现出对老师的信任，尽量不要说老师的不好。

善于"拉近"关系的老师是好老师

有意识地与孩子"拉近"关系,让他和我们在一起时感到舒服。父母每天都在用不同的方式拉近关系——从分开一段时间后的问候仪式(早上的拥抱或放学后一起吃零食、一起聊当天发生的事情)到有意培养感情的活动(比如一起看书或打球),这些都是为了靠近孩子的心。

就连大部分成年人,在与某人经历短暂分离之后,也需要一个仪式"重归于好"。我们似乎天生就知道,分别后再见时要互相拥抱一下,不管是简单的一句"早上好",还是一句"你今天过得怎么样",都是维护人际关系的重要仪式。

许多老师都会在每节课正式开讲前,本能地去做一些事来拉近自己与学生的关系。比如有的是每天早上单独和每位同学打个招呼或握握手,有的则是开个玩笑作为一天的开始,或者用其他的仪式来欢迎大家重返课堂。这些做法不仅是对学生表示欢迎,也是重新与学生建立联系的手段,同时还会向学生传达一种信息:"嗨!我会在这里陪着你们!你们现在是在课堂上,你们到这里来是为了学习,而我到这里是为了教你们学习。我们一起学习!"

与孩子拉近关系的方法与老师提醒孩子注意听讲的呼唤回应法不同。拉近与孩子的关系不只是为了引起孩子的注意,更多是为了激活与学生之间的关系。因为只有先建立关系,孩子才更有可能听从老师的引导。不过，这并不是拉近关系的最大好处，它只是一种有益的副作用。

我认识一位老师叫迪尔德丽。她有一套很独特的方法与孩子拉近关系。迪尔德丽浑身上下都散发着艺术气息，她喜欢穿色彩鲜艳的衣服，就连戴的眼镜也是五彩缤纷、炫耀夺目的。她与孩子拉近关系的方法非常自然。

每次新学年开始，迪尔德丽都会拿来一大筐眼镜放在讲台上。里面的眼镜差不多有 30 副，而且每副眼镜的花色和图案都不一样，有斑马纹、波尔卡圆点，等等。她制作了一张表，表上按照字母顺序列出了所有孩子的名字，名字旁边写上上课日期。每天早上，由名字旁边标有当天日期的孩子来选择迪尔德丽戴哪副眼镜。一些孩子会格外用心地挑选一副与她当天衣着最搭配的眼镜，而有些孩子则会故意挑选与她衣着根本不搭的眼镜，他们觉得这样很有趣。这一切都是在愉快的气氛中进行的，这场有趣的课前仪式是她班上同学每天最期待的事。迪尔德丽每天用这五分钟的时间，用这种有趣的互动拉近了她与孩子们的距离，为孩子们一天的认真学习拉开了序幕。

与老师拉近关系的孩子，会感觉与老师更亲密，感觉和老师在一起更有安全感。这种安全感是促使他们服从老师引导、听从老师指令的内在动因。有了安全感，孩子会更愿意举手回答问题；有了老师的鼓励，他们会敢于冒险，勇于创新；有了老师的守护，他们会大胆去尝试新事物，而且不怕犯错。哪怕老师在场，孩子也会觉得非常自在放松。如此一来，他们就有机会去接触、了解不同的观点，而不会被禁锢于自己的想法之中。

所以，身为父母，我们判断老师的水平和能力时，不仅要看授课水平，还要看老师是否善于经营与孩子的关系。任何时候，关系都是第一位的。

善于发挥同伴群体领袖的作用

优秀的老师都善于找出哪个孩子是"头儿"。

我曾在一所初中给一群女生上过一天的讲习课。在这之前，学校的老师给这些女孩贴上了明确的标签：缺乏自尊心、焦虑和有不良行为。这些女生被老师挑选出来参加这次的特殊课程，目的是让她们有所改变。

然而，我甚至不用见就知道，她们多半都会觉得那天的课就是个"蠢主意"，不过她们会很高兴不用上常规课了。其实孩子们都很聪明，她们知道某个课程或某个活动是专门为问题孩子而设，她们会觉得自己是"坏孩子"或者"失败者"。

因此，在踏进教室的那一刻，我就已经做好了准备——但实际情况比我想象中更加严重。当我走进教室时，里面有一群女孩在大声咒骂着，她们以为这样就能把我吓跑。很明显，她们对我充满了敌意。她们的肢体语言清晰地表明她们不仅没有兴趣，而且很不欢迎我，她们也不打算听我讲课。

其实，她们是对的。我有什么资格来试图"改变她们"？

关于她们的生活我了解多少？她们不认识我，我跟她们也没有任何关系，因此她们没有理由信任我。

我努力克制自己的恐惧，然后不让自己表现出一丁点懦弱或犹豫。我怕吗？当然怕。我有些不知所措，但是我知道，如果让她们感觉到了这一点，那我就一点机会也没有了。我立即依靠直觉去观察哪个孩子是我可以让她发挥作用的人。我试着找出孩子们都在看谁脸色行事。跟着她们的目光，我很快就找出了那个人。

我走进教室的时候手上拿满了东西。我用非常自信、若无其事的语气问那个女孩（我们可以叫她史黛西）能否帮我把电脑拿过来，我的语气没有给她任何拒绝的余地。我是在冒险。

史黛西原本可以直接跟我说"滚蛋"，但她没有。她给了我一个白眼，然后拿过我的电脑递给了我。得到了她的支持后，我开始跟她闲聊，对她向我发出的所有"滚蛋"信号我都表现得无动于衷。我跟她自嘲说我的电脑技术可烂了（这是真的），然后问她是否能帮我把电脑系统设置好。她草草地点了一下头就开始忙活起来。我问了她一些系统怎么工作的问题，让她为我解释一下。就这样慢慢地，她开始放松下来。我们一起整理电脑文件，在这个过程中我夸了夸她的头发。她把头发染成了紫色，这是我最喜欢的颜色（这也是真的），于是我告诉她我喜欢紫色。刚巧那天我还穿了紫色的袜子，我还给她看了我的袜子。她说这双袜子"只有老女人才穿"，不过她在说这话的时候是笑着的，虽然笑声很小。我给她讲了我从来都不染头发的原因，我妹妹曾经染过淡蓝色的头发，我一直希望自己能有勇气尝试一下。

设置完电脑系统后，上课时间正好也到了。我对史黛西表示了感谢，然后准备去与其他孩子建立信任关系。这时史黛西突然喊道："所有人都安静！这位女士要给我们上课，都闭上嘴巴坐下来！"她回头看了我一眼，向我点了点头。从那时起，我知道这个女孩感觉到了我对她的尊重，她对我想做的事也表示了尊重。

在与史黛西的这五分钟短暂互动中，我赢得了她的心，让她觉得可以放心地信任我。然后，她用她的言行告诉其余女孩，她们也可以信任我。当然，这并不意味着我就可以高枕无忧了，我仍然要与全班同学建立信任，否则刚刚建立起的信任感仍有可能会荡然无存。但是，史黛西给了我巨大助力，让这一过程变得容易许多。

做代课老师、教授一次性课程和讲习班是件极其困难的事，在很多情况下，一些经验不是很多的老师面对挑衅的孩子们，能做的就是像"照看婴儿"一样照顾孩子，尽量不出大事故，然后熬到课堂结束。但是，优秀的老师一般懂得：

· 与孩子建立某种关系，有助于开展教学工作，在教授新认识的孩子时尤其重要。

· 和孩子分别一段时间后，先建立联结关系（比如每节课开始前）很有用处。

- 有些孩子情绪比较敏感，因此每次给出指令前都要先建立关系。
- 先与同伴群体中的领袖建立信任关系，更加有效。

如果你观察到你孩子的新老师是这样的老师，那恭喜你：你们遇到了一位经验丰富的好老师。

优秀的老师会非常尊重孩子

从童年步入青春期后，孩子们的需求也会发生变化，有时是一天一个样！

我们可以把青春期看作是连接童年与成年的桥梁。当青少年从桥的这一头走向那一头时，他们经常会在两头之间徘徊，有时则会在某个点停留一段时间，或是出其不意地跳跃式前进。在不同时期，青少年可能会处于这座桥上的不同位置，甚至是每天一变，这对教育工作者来说是个巨大的挑战。在一个房间里应对30个或更多的青少年可以说是家常便饭，而且他们每个人在这座桥梁上所处的位置可能都不相同。

青春期是青少年认识自我的时期。到了这一时期，青少年开始摆脱父母对自己的影响，以便形成自我同一性，这是青春期非常正常、健康的一个过程。青春期还伴随着各种困惑、沮丧、忧愁和孤独。青少年正在逐渐远离童年。他们经常觉得自己没有受到成年人的重视。他们会沉浸在理想主义中，心想等他们长大以后，他们要换个方式来做事，而不是像他们的父母和老师一样把事情"搞砸"。他们会立志彻底解决饥饿问题；他们会想办法保护环境；他们会让自己的孩子想做什么就做什么！

这一时期的孩子仍十分需要来自长辈给予的关怀、尊重和鼓励。如果你发现孩子的老师非常在意孩子们的想法和观点，尊重他们是独立的个体，那恭喜你遇到了一位非常不错的老师。

孩子们也需要空间来分享自己的观点、价值观和目标。如果老师给他们留有发声的空间，又善于在课堂上引导孩子，并且还能做到：

·定期召开班会，讨论他们希望进行的郊游活动以及对他们有用且他们也感兴趣的项目。
·指定一块公告栏作为创意墙。
·提供多种选择，让他们展示对某个主题的理解，展示自己所学的知识，在这一过程中，尊重他们的个性。

那这位老师一定是非常不错的。

优秀的老师都愿意接近孩子

如前文所述，初高中生不再对父母百依百顺，而是有了自己的想法、观点和看法。作为教育工作者，在与青少年建立信任关系的过程中，会面临一些特殊挑战。

处于这个年龄段的孩子，会给人留下不愿与人为伍的印象。他们经常表现出一副"很酷"的样子，似乎对一切都漠不关心，也不愿与周围人有任何交流。但是，我们绝不能被他们的表象所欺骗，他们对我们没兴趣，并不意味着他们不需要我们。事实上，这是他们最需要我们的时期。他们只是不知道如何与人沟通。

古时候的孩子进入青春期后，成长阵地就转移到了"村庄"。他们会走出家门，向除了父母之外的其他人寻求指导，开始踏上自我发现之路。如此看来，青春期其实是教育工作者的一大良机，因为此时的青少年给外界留出了更多空间。此时此刻，青少年愿意，甚至非常渴望有一位导师引领着自己！如果老师主动接近孩子们，孩子们能感受到老师的关注，这对孩子们的成长是非常有帮助的。

青少年需要更多的指导和更好的人际关系，很多学校都会在学年初举办一次加强版的走进大自然活动或探险活动。这种沉浸式"拉拢"体验能够改变许多孩子接下来一整年的学习状况和行为表现。通过这些活动，孩子得以远离日常生活中的各种干扰，让孩子远离了手机和电脑，远离了他们经常在非上学时间参与的活动、兼职工作和课外活动，为他们提供了与老师亲密接触的机会。除此之外，身处大自然中，还能让孩子们的感官更加灵敏，让他们坚硬的棱角变得柔软，身心彻底放松，为培养师生关系创造了良好的环境。

老师与孩子一起参加户外活动还有另外一个好处，即彼此之间会有近距离接触。老师很少有那么多时间和孩子在一起，而徒步旅行、划独木舟、围着篝火讲故事，等等，都能让老师和孩子的心灵彼此靠近，然后在不知不觉之间培养出牢固的师生情谊。青少年更愿意向一起共事的人敞开心扉，而不是简单地聊天。

有时候，学校举办这些活动的初衷是让孩子接触大自然，给孩子互相交流的机会。这两个出发点都很重要，但这也是师生之间建立信任关系的重要时机。这些活动是我们的无价之宝：借此机会，我们能去了解孩子，和他们一起玩乐，成为他们的心灵导师。我们可以通过这些活动为培养良好的师生关系奠定基础，待回到校园，孩子就会更加尊重我们、依赖我们，教学工作也会更容易开展。虽然这并不意味着我们"拉拢"孩子的工作圆满完成，但这些沉浸式"拉拢"体验能为我们的师生关系开启一个良好的开端。

我们还可以尝试一次百乐餐、一项有趣的团队项目、一场可以一起参加的趣味活动，或者在某个下午来一次特别的野外旅游，这些都能给孩子带来沉浸式体验，增进我们之间的感情。

如果一所学校非常注重以上活动，把师生关系摆在首位，那无疑这所学校值得你去选择。

第15章

改变集体的消极自我认知

每所学校都有一两个相对较差的班级,这些班级孩子的集体认知往往比较消极。而班级是一个整体,它是一个大家庭,或者说一个部落,集体的认知会影响个体的认知,影响个体的情绪健康。

最近我在为老师玛丽亚提供心理咨询。玛丽亚在一所K-8学校教授引导与品德教育课程,每周为每个班级上一次课,每次课时一小时。在一次会面中,她问了我一个关于她正在教授的六年级班级的问题。这个班级特别难教,班上孩子言行粗鲁、态度轻蔑,想让他们认真听课很难。她想知道怎样才能让他们不要这么粗鲁,至少试着参加一下她在课上组织的小组活动。

玛丽亚说,仅靠每周一个小时的上课时间,她根本没办法和这么难相处的孩子培养出和睦相处的关系。她跟我说,有一天她再度陷入了沮丧之中,于是对这群孩子说:"你们这是在自寻烦恼。只要你们听我讲,大家都可以欢欢喜喜的!我今天带来了一些很有趣的东西,相信你们一试就会喜欢。"我能想象,她这番话说完之后会面临什么样的挑战,因为她把主导权交给了孩子,而不是去解读他们的需求,然后把主导权掌握在自己手中。而且我发现,玛丽亚接下来的一番话更能说明问题,她说其中一个孩子回答她道:"噢,不用担心我们。我们不是针对你。所有老师都讨厌我们。我们是全校最差劲的班级。"灵光时刻!好的,明白了:这个班级的自我认知有问题。

玛丽亚的回应是:"好,那我们就来证明他们是错的。认真听讲,然后人们就不会再像过去那样看你们。你们可以选择成为好的班级。"本质上来说,玛丽亚对这些孩子说的话是有道理的。如果他们表现好,人们就会用不一样的眼光去看待他们。但是很不幸,事情往往不会朝那个方向发展。我们希望通过鼓励孩子,让他们好好表现,让他们改变自己。但从我多年的教学经验来看,一旦孩子形成消极的自我认知,那上述希望就只能是希望。

我敢肯定,许多老师都会要求孩子认真听课,并告诉他们只要按照老师的话做就能收获很多乐趣,而且这些话肯定说了无数遍。我还肯定,老师还会经常把问题孩子或问题班级与更合他们心意的孩子或班级做比较,以此来鼓励问题孩子或班级改变自己的行为。这种话术的理论依据是,孩子听到这样的话会想："天哪，我们可不想被七班比下去，我们要努力了。"但这种理论依据往往也站不住脚。把他们和其他班级做比较就像是在兄弟姐妹之间做比较，后者会是什么情况我们可都一清二楚。"你为什么就不能像你的哥哥一样？"这种话绝对不会激发一个孩子想要好好表现的欲望，它只会让这个孩子盘算着等你不在的时候揍他哥哥一顿！

于是，我建议玛丽亚在改变这个班级的自我认知上下功夫。但玛丽亚已经给这个班级上过一段时间的课，孩子们知道玛丽亚对他们的印象并不好，再想改变他们的自我认知就会比较困难。相比之下，从第一节课就开始着手改变某个班级的自我认知，由于互不了解，只要看到他们不同的一面就立即告诉他们，这样会更容易收到成效。虽然玛丽亚面临的难度更大，但也不是绝无可能，只是需要多花点工夫。

我和玛丽亚聊了聊这个想法，研究了一下该怎么做。回应方式有很多种，但要改变这群孩子对自己的看法，唯有表明我们并不像其他老师一样看待他们才是正确的回应。

好吧，我猜他们只是没有我了解你们，我可不这么看你们。

真的吗？我不同意他们的看法。当然，你们精力充沛，所以有时候会显得喧闹一些，但这正是我喜欢你们的地方——充满活力、充满激情的你们！

如果是第一次在课堂上这么说,上述回应可能会很有效果。然而,如果已经因为班级的问题苦恼了一段时间,孩子们也都看见了你的苦恼,那再用这样的方式去回应会很没有说服力。如果孩子们已经陷入了"我们就是一群不爱学习的孩子,就是一群差班生"的恶性循环,要怎么做才能改变这一局面?答案就是从每一小步做起。

孩子们可以陷入消极认知中,认为自己是"差"班生,也就可以改变自我认知,认为自己是"好"班生。为促成这一积极转变,作为引导者的老师能做的有很多。如果老师能从以下几个方面着手,那无疑就是一位值得选择的老师。

优秀的老师,善于打造积极的集体认知

优秀的老师会从小事做起,通过一些小事让孩子们知道,在老师心目中,他们是一个积极的班集体。每次发现他们有好的表现或者有老师非常喜欢的闪光点时,无论多小,优秀的老师都会抓住机会,多去发现孩子们的美好。

天啊!你们的求知欲真强!

我喜欢这么有爱的班级!

你们每次都是这么配合——我喜欢你们这一点!

对于一些很难相处的班级，要找到他们真正有爱心、有好奇心的时刻并不容易。这时优秀的老师会采用另一种方法：告诉他们，老师看到了他们可能喜欢或感兴趣的东西，这让老师想起了他们，把他们和积极的集体形象联系起来。

上周末我去看了一场艺术展，看展时我不禁想到了你们，当时我就迫不及待地想告诉你们。我知道你们可喜欢看艺术展了！

前几天我听广播的时候听到了一首歌，这首歌让我想起了你们，还有你们即将参加的那场演出。我想把它放给你们听，我觉得你们会喜欢这首歌。

我喜欢给你们上课，这是我每天最期待的事情。

当老师使用这些积极的表述时，会发生两件事：第一，这个班级的孩子开始形成积极的集体认知，然后与老师形成良好的关系；第二，孩子会认为老师喜欢他们，不是喜欢个别孩子，而是喜欢他们整个班级。这样除了老师与每位孩子之间极其重要的情感联结，他们还会看到老师对整个班级也是一种友好的态度。

与整个班级建立关系

你可能还记得那位在讲桌上放了一堆别致眼镜的老师迪尔德丽。在这个故事中,我为大家介绍了迪尔德丽每天早上是如何通过"眼镜选择"环节来吸引大家注意的。

除此之外,迪尔德丽还做了一些让班级孩子觉得很特别的事:她制造了一些只属于她和孩子们的时刻。迪尔德丽从未跟学校其他人或学校员工讲过为何要戴这些有趣的眼镜,其中原因只有她的学生知道。这件事并不是什么隐私,她也从未要求孩子们不要告诉其他人,但它就是成了她和孩子们之间一个有趣的秘密。

很多家庭都有只属于自己家庭的内部笑话——只有自己家的人知道、明白笑点在哪儿的笑话——老师与班级也可以形成同样的家庭式关系。制造出只属于老师和孩子的时刻,营造出积极的班级文化。对此,孩子无须保密,老师也永远不用要求孩子保密。这个时刻的意义在于,作为一个集体,老师和孩子从此有了只属于自己的经历。定期体验此类师生共享的时刻,集体就能真正开始成形。整个班级不再是"学生和老师一起上课",而是凝聚成了一个团体、一个完整的班集体。

小学老师做这件事会更容易些,因为他们时间充裕,整天都和孩子待在一起,可以更加自然地营造出团体文化。但许多高中老师也能巧妙地捕捉到这一凝聚力。当孩子走进那个合二为一的高中课堂，戏剧课也好，数学课也好，无论是什么课，魔术就开始上演：课堂氛围变了，而且班上同学也都感觉到了这种改变。老师营造出了一种团结的氛围，他对那个班集体的爱一目了然。全班同学都注意到了这一点。然后，他们开始发现作为一个集体他们有哪些优点，并开始形成这样的认知。

有些班级的情况则是处在积极与消极之间。他们没有任何凝聚力，自我认知既不消极也不积极。它可能是这样一种班级：班上的孩子彼此之间并不熟悉，孩子与老师也互不了解。这种班级最容易入手，最容易培养出集体感和积极的自我认知。其他班级可能孩子彼此之间已经相处了好多年，已经形成了积极的自我认知。在这种情况下，优秀的老师会利用他们的自我认知，想办法赢得整个班级的心，融入他们，成为他们集体的一分子。也有很多班级同样已经相处多年，却形成了消极的集体自我认知。改变这类班级的自我认知虽非一日之功，但确有可能。

把"他们""你们"变成"我们"

当老师把集体的观念植入所有孩子内心并与其建立良好的关系后，就为把"他们"转变成"我们"奠定了基础。这时候，孩子们的集体自我认知就会从"他们"转变为包括老师在内的"我们"，我们是一个共同体。

很高兴我们班不会那样排挤人。

校长问我们能否义务做春季大扫除。我跟校长说:"当然了,我们愿意参加!我们随时都可以开始。"

嗯,我们肯定不会那样做。我们不是那种人。

如果这个班级的孩子不把老师视作"我们"的一分子,那这些话就毫无用处。只有孩子与老师建立了情感联结,认为老师也属于这个集体,他们才会认可关于"我们"的这些话。当孩子认为我们在某个方面是一个整体时,共同体就开始成形,孩子就会拥有更多的成长空间,班级会获得更高的凝聚力,集体自我认知也开始萌出新芽。把老师视为集体的一分子后,孩子对老师的抗拒也会相应减少,而师生关系则会进一步加深。

发现孩子即将碰壁之时,快速转移其注意力

优秀的老师会尽量避免发生会让孩子觉得自己无能的情况。发现孩子有无法应付、即将崩溃的情况时,优秀的老师会快速转移他们的注意力,而不是警告孩子。

优秀老师会正面管教一个集体

有时老师无法阻止孩子碰壁，或者觉得这么做不对或不合适，这时优秀的老师可以帮助孩子去发现自己善意的一面。

当一个孩子"犯了错"时，老师会通过引导他们发现自己善意的一面来帮助他们改变。当整个班级犯错或失控的时候，老师也可以帮助他们去发现自己善意的一面。通过引导他们发现自己善意的一面，可以把他们的注意力引到他们在老师心目中的好形象上，然后便可以像帮助单个孩子一样，重置整个班级的内在指南针，使其瞄准正确的方向。

假设老师准备开展一次校外教学。为了确保旅途顺利，老师竭尽全力做好了各项准备工作。出发前，老师和班上同学沟通了一下，确保他们清楚所有要求。但事情并没有预期中那么顺利。到了博物馆后，孩子们比想象的更加吵闹。

回到学校后，老师的心中可能充满了各种挫败感。但老师是这样对孩子们说的："有些孩子太吵闹了，说话声音太大……"接着，老师指出了孩子们善意的一面："我知道你们都是好孩子，参观博物馆确实令人激动，只是有些同学兴奋得过了头。"

除此之外，老师还对孩子们的心情表示理解："我知道坐公交车去旅行很好玩，也知道你们这么开心很容易把要保持安静的事儿抛到脑后。你们班确实活力四射，这也是我喜欢你们的原因之一。但是,今天的表现确实不好。下次一起出去的时候,我们要一起想办法,提醒自己不要忘记提前定好的规矩……"

这就是优秀老师的做法。如果你的孩子恰巧遇到这样一位老师,那请偷着乐吧。

唤醒内心的情感

Reclaiming Our Students

第四部分

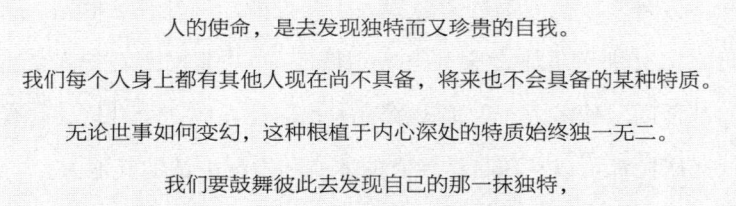

人的使命，是去发现独特而又珍贵的自我。

我们每个人身上都有其他人现在尚不具备，将来也不会具备的某种特质。

无论世事如何变幻，这种根植于内心深处的特质始终独一无二。

我们要鼓舞彼此去发现自己的那一抹独特，

为彼此提供展示那一抹独特的舞台。

—— 弗莱德·罗杰斯（Fred Rogers）

第16章

打造健康的情感共同体

健康的情感共同体

年轻时,我曾在方舟之家(L'Arche)社区生活过一段时间。方舟之家是专为智力障碍人士开设的国际性社区联盟。方舟之家有别于集体之家(Group Home),并非仅由看护人员上门"帮助"残障人士,而是所有人都居住在同一个社区,每位社区居民都可以利用自己独有的才能和力量去帮助其他人。

方舟之家注重归属感。其创办人范尼云曾说:"所有人都应当有这样一种基本认识,那就是我们都属于一个共同的族类——人类,拥有共同的人性,而这种基本认识的核心便是归属感。我们也许来自不同的家庭和文化,但人生在世,就是为了和他人和谐共处，服务他人，同时享受他人给予我们以及所有人类的恩惠。"

我为范尼云的远见卓识所折服，于是申请成为方舟之家的一员。正好一家社区还有一席空缺，我便搬过去接任了这个职位。我对这里的新生活充满了期待。包括我在内，我们共有七个人住在一起，其中五个人有智力残疾，需要别人帮忙洗澡、做饭、购物等。

方舟之家的生活比我想象中艰难得多。在这里，我的不安、自负和缺乏耐心统统暴露了出来。但同时，这里的生活又比我想象中美好得多。这里的生活，让我开始对依赖有了不同的看法和理解。我意识到，一个人只有拥有了充分的安全感，才敢去依靠他人，而这会把人置于脆弱的境地，因此迈出这一步需要莫大的勇气。这里的生活让我更加充分地意识到了归属感的重要性，每个人都需要这样一个有归属感的地方。打造让人真正有归属感的地方不能靠运气，而是要有意识地去尊重不同、接纳彼此的个性。

我在家里排行老九，上面还有六个姐姐和两个哥哥，其中一人患有自闭症。除了我们九个兄弟姐妹，我父母还收养了三个孩子，孩童时期我们基本都住在一起。我的养弟杰森患有唐氏综合征，他三岁那年搬来我家，此后便一直和我们一起生活，直到三十四岁那年去世。我还有两个来自原住民社区的养姐，她们二人在我孩童时代时就一直和我们这个大家庭生活在一起。

在这样的家庭环境中长大，再加上方舟之家社区的生活经历，我意识到在充满安全感和支持多元化的环境中，人的生活可以有多么丰富多彩。我不是在掩盖把有心理创伤、身心障碍、不同信仰和不同文化的人聚在一起不会遇到什么大问题。事实上，正是我遇到的问题让我明白怎样做才能在这种情况下创造安全感。要想打造人人敞开心扉、能够发现别人不同并愿意接纳别人不同的家庭，需要我们有意识地去努力。这样的家庭，是一个人人都可以自由冒险、自由犯错而不会引起巨大反应的地方，一个人人都可以真实做自己、发现不一样的自己的地方，一个可以发现他人对这个世界所做贡献的地方，一个人人都有归属感、不必彼此相同的地方。

一个健康的家庭，不会去要求孩子与所有人成为朋友，而是在孩子被他人个性和兴趣吸引的情况下，让友谊自然产生。在健康的家庭中，即便孩子彼此不是朋友，所有人也会互相尊重。嘲笑不同的心理会自然淡化，取而代之的是对其他观点和个性的包容与接纳。

包容：真包容与假包容

包容不是简单地把不同的人放在一个房间里，剩下的听天由命。真正的包容，是要给不同的人创造一种可以真正做自己的空间，并为其实现这一目的提供所需支持。包容，只有在具备情绪安全感时方可实现，因为只有拥有了足够的安全感，人才能真正地做自己。有了足够的安全感，他们才敢于去寻求帮助而不用担心被嘲笑；有了足够的安全感，他们才敢于去超越他人而不用担心被取笑；有了足够的安全感，孩子才敢于去做和别人不一样的自己，而不用担心被人排斥。

家是有情绪安全感的家，可以让最纯粹的包容性萌芽，并且它的萌芽不是只停留在理论层面，而是实实在在发生的。学校是有情绪安全感的学校，在老师的关怀式引导下，孩子能拥有安全感，能真正做自己。

这种目标似乎太过远大，但其实这并不要求我们成为多么卓越的人，也不要求我们成为完美的父母。情况恰恰相反，它只要求我们谨记人类需求的根源。它所做的，就是带我们远离复杂、回归简单，重拾被繁忙世界所遗忘的纯真本质。

孩子并不需要拥有超人父母、超人老师，他们只需要我们。他们需要我们用虽然不完美但很温暖的人性去引导、教导他们，如此一来，他们才能坦然接受自己的不完美。他们需要知道，我们欣然接纳他们最真实的模样，他们属于这个共同体。

但是，孩子们需要的帮助可能超出我们的想象。

成人对孩子道德推理[1]水平的错误认识，有时会成为绊脚石

在过去，尤其是在中世纪，人们通常将孩子视为小大人。古时的孩子，通常在六七岁之后便被送到其他村庄当学徒，学习各种手艺，和成年人一起劳动。孩子不仅穿着和大人相仿的衣服，玩着相同的游戏，还和大人参加同样的节日。中世纪的科学家称之为"预成论"，即一个微小的预成型人类会在受孕时就被植入精子或卵子中，并在受孕的那一刹那就完全成型。法国历史学家菲利普·阿利埃斯在1694年的一幅精子画作中发现了这一现象，同样印证了这一观点。

现在回头看古人的"小大人"观念，可能会觉得不可思议。但对现代人来说，孩童期的重要性、儿童与成人思维之间的区别都是显而易见的。但即便这样，人们也仍会陷入同样的思维误区，认为在社交场合孩子应当能够和成年人一样坐着不动，或者认为他们应当像成年人一样思考问题。当我们对孩子说，诸如"你要好好爱护那个玩具，我可是辛苦工作了好久才给你买到的"的话时，很明显就是陷入了这种思维误区。这种说法认为，孩子应该了解成年人的工作、挣钱能力以及家里的预算。

---

1 道德推理（moral reasoning），心理学术语，即对某人是好还是坏，或某事是对还是错进行道德判断。

人们对这样的看法已经从诸多方面开始发生转变，大多数成年人现在也都明白，孩子需要通过玩耍和触觉、嗅觉等进行学习。孩子比成人更加好动，因此不能像成人一样安静。但是现代人对孩子"道德发展"和思维方式的认识，还是时不时会陷入"预成论"的思维模式中。

每个人都有自己的故事，每个人都需要被"了解"

大约十年前在一所学校的工作经历，让我深刻认识到我自身也有这种"小大人"思维模式。

当时我正在和一群青少年进行我自己的一个项目，即一起通过讲故事、舞蹈和戏剧来探讨社会问题。其中一个孩子名叫罗斯，她刚刚来到加拿大。我和她合作了三年，在此期间我们成了亲密无间的好朋友。罗斯被其他同学的故事和作品所感动，决定通过舞蹈剧来分享自己的难民生活和顽强求生经历。

罗斯从出生到三岁都生活在伊朗，她爸爸是个瘾君子，经常会失去理智虐待她妈妈。有一天，她见爸爸妈妈在阳台上争吵了很久，就跑过去抱住妈妈想要保护她，结果被爸爸从三楼扔了下去。这一扔给她造成了脑损伤、身体残疾还有一大堆其他生理问题。为了远离父亲的迫害，妈妈带着罗斯逃到了土耳其，在一个难民集中营中生活了八年。在那之后，她便来到了加拿大。

后来，我们录下了罗斯讲述的故事，并配上了音乐。大家还根据她的故事，为每一幕场景编排了舞蹈动作。她把这件作品命名为《每个人都有自己的故事》（*Each of Us Has a Story*）。在孩子创作的作品中，这件作品可以说是最感人的。她选择以她到达加拿大作为故事结尾，一群孩子把她举在头顶然后慢慢走过舞台，代表着她"飞"到了加拿大。故事没有以飞机落地为结局，而是选择了一种不同的结局——她正在空中"飞行"，这对她而言意义重大。

在此期间，罗斯还给我们讲了她在学校被许多孩子挖苦的经历。她走路一瘸一拐，五官也有些不平整。她已经做了十三次手术，未来还要做更多次。她说那些孩子经常取笑她说话和走路的方式。

当时我们正在多所学校开展以社会公正为主题的巡回演出，我们决定把罗斯创作的这件作品也纳入其中。观众里面有很多孩子，他们显然被这个真实无比的故事感动了。有次表演完后，此前经常欺负罗斯的一群孩子站出来说："我们什么也不知道，如果早知道你的生活这么苦，我们肯定不会那样对你。"凡是看了这部剧的孩子，演出结束后都会对她非常友好，并上前拥抱她。不认识罗斯的孩子也好，罗斯从未见过的孩子也好，都会在演出结束后热情地涌到她面前。

对于他们的表现我并不感到开心，反而是很生气。"不是了解她才能对她好！"——这就是我当时脑海里的真正想法。她不应该用自己的故事去赢得别人的好感。我们都经历过失去和痛苦，不必非要等到明白他人的苦楚之后才知道要友好地对待他们。就是在这里，我发现自己陷入了预成论的思维误区。

我潜意识里认为孩子们应当和成年人一样有智慧。成年人阅历丰富，知道所有人都经历过痛苦和失去，因此我们可以轻而易举地理解他人的经历。当我在杂货店和一起排队的人寒暄时，和加油站的服务员闲聊时，或在什么其他地方遇见了什么平凡的人，我只要看他一眼就能知道，这个人和我一样，有过欢乐，也有过痛苦。也许有些人经历的痛苦要多于他人，但我敢肯定，所有人都有自己的苦恼，都同样渴望被人接纳。这些苦恼并不一定会为我们所知，我们不应该把了解别人的辛酸当作对他们好的前提。

孩子需要在成年人的指导下去理解这一点。然而事实却是，我们经常在向他们传递一种信息：他们应该明白事理。我们认为，孩子不仅要知道如何对待他人，还要理解彼此的感受或经历。

罗斯的事情，让我想起了我和孩子之间曾经发生的一些事情，那时候我还没有这方面的认识。我把这些事情写了下来并开始反思，希望从中找出对孩子更好的办法。我回想起几年前巡演的一部名为《我是谁》（*I Am*）的作品，这部作品的创作人是杰西·休格特，一名患有唐氏综合征的高中孩子，她也做了旁白。她向我们讲述了被别人视为一维人——"患有唐氏综合征的女孩"的经历及其对此事的感受。她参加了我们的学校演出，分享了她在自己学校的经历，虽然学校再也没有人欺负她，但没有人和她说话，也没有人关注她。她说她经常一个人吃饭，让她觉得很受冷落。不过，人们并不是因为了解她所以不喜欢她，而是压根儿就没想去了解她。

我们一般会在表演结束后留出一段时间供孩子提问。在一次问答中，有个孩子举手说道："我们不知道你会有被冷落的感觉。我不知道患有唐氏综合征的人也想交朋友，也不知道他们会有和我一样的感受。"我能看到这所学校老师脸上的震惊和尴尬，坐在这个孩子旁边的老师叫她不要再往下说。她的话其实特别诚恳。她确实不知道患有唐氏综合征的人有着和正常人一样的感受。我知道这一点，也许是因为我的养弟就是唐氏儿，而他是我最好的朋友……也许如果不是此前的这段生活经历，我也不会知道这一点。这时我开始明白，许多孩子都不知道，所有人都有感情，都发自内心地渴望被爱、被接纳。这些孩子都是高中生，已经不是小孩子，但他们仍然不知道如何推己及人。

出于各种原因，人与人之间的情感联系前所未有地淡薄，我们很少有时间和空间去跟与自己不同的人进行情感上的交流，因此，孩子们很难把自己和他人关联在一起。此外，现在人们"传授"价值观、道德观以及品格教育的方式，从很大程度上来说都隐含了这样一种想法：孩子们现在尚不具备、将来长大后也不会具备的能力，比如人际交往能力，可以随着年龄增长和阅历增加，自然就会获得。其实，我们不能全然依靠当前的文化，也不能假定孩子们自己会习得这一能力。我们可以通过很多方法，用更加自然的方式引导孩子去理解这些事情，设法帮助孩子发现人际联结的力量,是极其重要的一件事。这样等这些孩子长大成人后,他们才不会回避或厌恶与众不同,而是同样珍视人的共性和个性,因为这才是人生的精彩之处。

第17章

重拾古老的文化智慧

艺术的魅力

有一种古老的智慧,一直发挥着帮助人们建立联结的作用。通过重新学习这种已经陪伴人类数千年的文化智慧,我们的情感联结或许可以发生改变。这种智慧就是体验式艺术。

自创世之初起,人类凿壁绘画、围着篝火跳舞、分享故事、以歌诉情、一起做陶器,成年人和孩子一样,都是通过艺术来表达自我。

人类内心充满了各种奇妙的情感,每个人都渴望表达自己,希望别人了解自己,了解自己的内心世界。表达情感不仅能帮助人们认识自我,还能引领人们去了解其他人的内心世

第四部分 唤醒内心的情感

界。这种表达，是我们听着触动人心的音乐，去感受自己的情感。通过这种表达，我们经常和他人一起对人性产生共鸣——就像是一起唱歌时起的鸡皮疙瘩，或是坐在安静的剧院里和数百人一起观看讲述人类亲密关系的戏剧时内心升腾而起的那种情愫。

艺术是很好的情感表达工具，我们可以利用这些工具突显人的共性，并依靠人与人之间的共性把孩子团结起来。通过这些艺术活动，孩子可以从彼此身上看到自己，而不是看到彼此不同的能力、宗教、文化和背景。通过这些活动，人们不仅可以去发现共性，把自我与他人联结起来，同时还能把自身的个性与共性联系起来。

现在，人们对艺术有了一种全新的认识，即艺术对集体的情绪健康和幸福感有着深远影响。一场全球性的范式转移[1]开始兴起，人们不再认为艺术是"可有可无之物"，而是开始认可艺术拥有将人类联结在一起的非凡力量。我们都正在试图找到能帮助孩子恢复情绪健康的方法，但对于这一发现，可能还是会半信半疑。不过，如果我们停下来看看数千年以来文化对人类的影响，也许就能明白，这些仪式和习俗融入我们的生活并非巧合。

---

[1] 范式转移（Paradigm Shift），又称范式转换、典范转移，最初是由美国著名科学哲学家托马斯·库恩(Thomas S.Kuhn)提出，现被多种领域引用，指新发现打破旧有的理论体系，迫使基于旧理论的所有认识也相应改变。

文化经过了时间的沉淀，对于如何维护个人和集体的情绪健康自有一套办法。每个民族之所以都有一起唱歌、讲故事和跳舞的传统，也许就是这个原因。每个民族都有自己的表达渠道，人们通过这些渠道聚在一起，表达心中所思所想，互相分享关于人类存在意义的思考。

这就是一个完整文化的伟大之处。身处这样的文化之中，人们不必刻意去考虑要进行什么仪式或如何释放情绪，因为所有这些都已蕴藏在文化之中。这种责任不应由个人来承担。也许只有在文化分崩离析之时，我们才会意识到，"原来这就是休息日的由来……"，或者"噢，难怪一直以来人们都有一起用餐的传统……"，又或者"噢，古人聚在剧院欣赏伟大的戏剧或者一起跳舞、讲故事和唱歌就是因为这个原因"。

从现在的主流文化中，我们还能看到这种文化传统的影子，例如庆祝活动和哀悼活动，这些都是人们生活中最重要的时刻，仍然会唤起人们内心对于表达情感、获得安全感的需求。

如今，这种文化智慧不再像往常一样把人们凝聚在一起，后果就是，人们别无选择，只能刻意维系与他人的联系，而一些孩子的疏离、焦虑和封闭心理前所未有地严重。

现在人们开始重新关注这种古老的智慧，同时也认识到此类能表达情感并与他人建立联系的渠道有诸多好处。我见过很多孩子在和他人一起参加这类情感表达活动后，共情意识产生了令人难以置信的转变。能有这样的转变，是因为他们经常性地、始终如一地去参与这种和他人一起体验人性的活动，其间当然还有养育者温暖的引导为他们提供充分的安全感。

这些活动不该让孩子单独参与，应当由成年人来引导，由成年人把孩子聚在一起，好为他们提供指导，给他们一个安全的成长空间。他们是在一起参与这些活动，而不只是把这些东西当作知识教给孩子。一起体验某件事与教给孩子做某件事的方法之间存在很大不同。

艺术活动若在探索模式下开展，可以帮助人们去感知自己的情绪；让我们跳出自己的思维，去深入体会自己的内心。艺术能感动我们、打动我们，把我们拉出非对即错的思维认知，转而对这个世界充满好奇。如此一来，我们就能得以彻底改变。为了让孩子们相处得更加融洽，看到彼此身上的人性，我们就要去唤醒他们的心灵。

艺术可以让家和课堂变成冷漠的另一面：充满温馨，情感丰富。通过探索模式参与艺术活动，可以增强我们的感官能力，打开我们的思维，触动我们的内心，而且还能让我们感受到怎样才是完整地活着。艺术可以唤醒我们的心灵，而当我们一同体验艺术时，艺术又可以唤醒我们对彼此的尊重。

在温馨安全的教室里，我们可以用文学经典、讲故事、说唱、视觉艺术、舞蹈、戏剧、音乐和唱歌等艺术形式，帮助孩子从情感的角度来理解生而为人的意义。若我们能带领孩子去感知这些事情，那么他们就更有可能发生内在转变。

传统文化告诉我们，改变不是来自认知，而是来自感觉。

例如，我们知道世界上有人在挨饿，但知道并不意味着我们会为此做些什么。我们必须对它有所感觉，内心必须有所触动。而艺术，无论是何种形式，都有能力触发我们的感觉，若同他人一起体验，还能让我们彼此靠近。

艺术活动在探索模式下开展时，其本质和游戏类似。和游戏一样，艺术为我们提供了消化和处理内部与外部世界的一个空间，为我们提供了情绪释放空间——让我们可以长舒一口气，并唤起了我们内心一些需要表达的东西。此外，艺术还可以提高我们的感官能力，激起我们的情绪，感动我们的内心。因此，艺术就像是一个情感游戏场。正因为如此，若文化不再保护孩子们玩耍的时间和空间，也不再提供用于维系人际关系的仪式，那么可以用艺术作为我们完美的游戏场，为孩子（我们所有人！）提供一个释放的空间，一个感知内心的空间，一个感知人与人之间相关性的空间。

艺术就是游戏，是针对人类情感的游戏。这种游戏的伟大之处在于，它不受年龄限制——所有孩子都可以参与，尤其是在只把它当作"活动"而不是"艺术班"时。即便是被认为没有"艺术细胞"的孩子，也不会对自己的表现有任何压力。

现在我们来看一下下列艺术形式是如何唤醒孩子的爱心并帮助他们感知彼此人性的。

情绪游戏场之故事

和舞蹈、绘画、音乐以及唱歌一样，故事自古以来就与人类同在，是一种可以打动人心的媒介。故事以多种形式为我们的文化服务，其中一种就是情感故事——悲伤、欢乐、失落、痛苦和希望——通过这些故事，我们得以一窥他人的人生经历，并对人类有更深入的认识。我们会喜欢其中一些人物，想象着若自己是他们会是怎样的情形。听到故事中的人物难过，我们也会为他们难过。听到故事中的人物遇到问题，年纪小的孩子经常会打断故事，想表达对这些人物的看法并希望他们得到帮助："他好伤心啊。他想他的妈妈了，应该有人帮他一下。"或者，"人们不应该嘲笑他，那太伤人了"。

对冷漠的孩子来说，故事可以减少他们的受威胁感。听故事或读故事，能给他们充分的距离感去依恋某些与其关系并不亲密的人，去想象他们的经历。孩子们甚至还能由此获得充分的安全感，继而生出关怀之心、助人之心。

在西方国家，一旦孩子自己学会了读书，成年人往往就不再为孩子读书，但听别人读书和自己读书并不一样。这并不是说自己读书就不好——能够享受读书、沉浸在其他世界或其他人的故事当中，不管是因为情感共鸣还是学术吸引，都是一种了不起的才能。但是，听别人读书是一种截然不同的体验，与自己读书相比，能带来不同的好处。其中的好处之一便是，听者能毫不费力地沉浸到故事当中去。听成年人读书，孩子便可以在成年人的照顾之下放松下来，任由自己在其引领下去体验书中的故事。定期为孩子朗读他们希望听到的故事，能取得非常好的效果。如果这本书吸引力十足，孩子们想知道后续如何，迫不及待地期待下次"读书时间"到来，那效果更佳。

听别人讲故事还是一场感官盛宴。那抑扬顿挫的声音、恰到好处的停顿、高低起伏的语调，朗读者从旁白转换到一个又一个人物时的人物语气变换，无不动人心弦。此外一点，也是很重要的一点，听人读书时，还可以感受到朗读者的情感。这是对孩子来说极其重要的示范——他们能借此机会感受到我们的情感，无论是嘶哑的声音还是我们流露的同情心。通过讲故事，我们能向孩子展示我们的人性。情感流露不是展示人的弱点或引导方面的不足，因此不会有损我们的威严；相反，它会展示我们有爱心、充满感情的一面。听人讲故事和看电影不同，听故事时，孩子们可以完全依靠自己的想象力来想象故事中的场面。受到想象力的限制，他们心中的故事场面只会存在于他们觉得舒适且在他们情绪承受范围之内的场景。

和单独读书不同，如果同时给家里的几个孩子读书，能让每个孩子都拥有相同的体验，而且除了这些相同的体验，每个孩子又可以拥有自己独特的体验。例如，所有孩子都感到了同情或悲伤；与此同时，每个孩子还有自己的想法、自己想象的场景。这是一种美妙的经历。对于需要唤醒同情心或爱心的孩子来说，听人讲故事是一种可以唤醒这些情感的安全做法。

如果我们刻意选择牵动人心、令人悲伤或激起正义感的故事，就可以打动那些欺凌者或者对别人不友好的孩子。在对某个人物产生感情的情况下，他们会更容易生出正义感（"那是不对的！怎么会发生这样的事情？"）。只要内心滋生出这些情感，他们总有一天会感知到，并将其运用到真实生活中去。

让你事半功倍的小窍门：营造氛围

根据我的个人经验，讲故事时营造一种特别的氛围能发挥更好的效果。这样可以把读书时间塑造成一天当中略带迷人色彩的独特时段，跟其他时间区别开来。你可以通过任何事情去营造氛围，比如只在讲故事时调暗灯光或开灯，或者调整一下桌子的摆放位置，让每个人都可以更放松，还可以躺在健身垫上、到户外去，或者打开一串彩灯。我会根据孩子的年龄和具体需求来营造有助于转换情绪的氛围。除此之外，如果我发现孩子没办法安安静静地听故事，我会给每个人发一张纸和一支笔，让他们边听故事边涂鸦。这种办法可以让忍不住想动的孩子安静下来。

让你事半功倍的小窍门：通过电影体验故事

电影是另一种人物丰富、情感丰富的故事，因此通过看电影也可以体验故事。看电影和大声朗读故事有许多相似之处，它能激发人的情感，唤醒人们的关怀之心、正义感和爱心。和读故事一样，看电影也可以让人流露出这些情感，因此不会使人有威胁感。

看电影还具备听人讲故事所不具备的一个好处，那就是更容易为年龄较大或不愿意听别人讲故事，认为这样很幼稚的孩子所接纳。我现在还记得 13 岁那年，班上老师给我们讲故事的情形，那是我那一年最美好的记忆。

另一个好处就是，对于听不进平淡故事的孩子来说，电影更容易吸引他们。大部分孩子都习惯看电影，电影兼有视觉刺激和听觉刺激，因此能更轻易地吸引孩子的注意。

与口头讲故事相比，电影的缺点在于，孩子没有机会发挥自己的想象力去想象故事中的场景；相反，电影会把所有场景都摆到他们面前。除此之外，看电影的过程不是由成人引导，而是由电子设备控制。若这场美妙的旅程是由成人带领，那么孩子就可以在亲近之人的引领和照顾下，安心体验。这就像是徒步或冒险旅程中的向导，只不过引导的是孩子的想象力。你不需要穿登山鞋就可以踏上一段旅程。对于渴望主导他人的孩子来说，这可以从很大程度上改变他们的这种心态。

情绪游戏场之戏剧

用表演的形式和他人分享我们的故事，是有史以来便存在的一种活动，在今天的传统文化中也仍占有一席之地。表演不只有演员才可以做，很多团体也会一起用比较随意的形式进行表演。当人们围着篝火用短小的"戏剧"来分享价值观、神话和个人经历时，故事便悄然成形。戏剧作为一种媒介，用一种非常特别的方式进入孩子的内心。让孩子和他们的同学一起表演场景、故事和戏剧，可以很好地唤醒他们的情感。

这种形式不会让孩子感到威胁，因为是在表演，不是"真实的"，他们仍然可以享受到表演对于身心成长的好处。戏剧会以此前他们觉得绝无可能的方式感动他们。他们会在表演他人故事和经历的过程中实现自我转变。无论扮演的角色是关心某个人，还是这个角色心境悲伤，都可以使他们潜移默化地开始产生内在转变，激发自己的爱心。这种转变的发生更加自然，因为在表演时，孩子知道这并不是真实的，因此不会有防备心。他们不会像被人问及有何感受时那样觉得有威胁感。

让你事半功倍的小窍门：进行简单的再创作

表演戏剧并不需要剧情太复杂，不是复杂才有感染力，因此不必表演完整的剧本或戏剧作品。其实很简单，表演一则简短的故事即可，甚至都无需台词，或者由我们朗读一则感人的短故事，同时让孩子们把里面的每句话表演出来。我和5～19岁的孩子做过无数次这样的表演。

很多8～10岁年龄段的孩子都喜欢对各种古希腊神话进行再创作，尤其是潘多拉魔盒，孩子们对这则神话的兴趣可以说是长盛不衰。这种表演经历，要比表演整部戏剧的压力更小，后者需要不断练习台词和表演。在改编故事时，父母或者老师可以只为孩子大声读一遍，通常一遍即可，让孩子安静地听一遍，然后在朗读第二遍的同时，让孩子们把故事表演出来。朗读第二遍的时候，孩子要靠自己把各个部分表演出来。这种形式允许孩子们转换角色，用自己的方式把所有角色都演绎一遍。另外一种方式是为每个孩子分配角色，然后在读到某个角色之时，由分配到该角色的孩子将其表演出来。两种方式都很简单有趣，而且在我们声音的引导下，孩子们就不必担心忘记表演。不需要练习，没有观众，只需体验即可。

对于那些年龄较大的孩子，我有时会从他们最喜欢的说唱音乐歌词中取材编写剧本，其他时候则是复印一份《联合国儿童权利宣言》，用适合孩子的语言进行改编，然后把他们分成几个小组，把各种不同的权利表演出来。

我们可以很轻易地把戏剧引入课堂或家庭，用戏剧来唤醒情感和情感联系，只要我们记住，戏剧的情节和表演形式并不重要，重要的是大家一起参与的这个过程。

当孩子用表演来展示或见证了人们的故事时，上述的那些转变就可以发生。这种体验和那些经过美化、打磨和构思的屏幕故事体验截然不同。它没有重拍，而是现场直播。你是在和真实的人、你认识的人、和你一起参与的人一同体验故事。

第四部分 唤醒内心的情感

情绪游戏场之合唱

合唱有种令人不可思议的力量。大合唱是人类有史以来就存在的一种活动。这种活动比较适合在校园里开展。

当人们并肩站立，和他人一起唱歌时，身体会出现某些变化：许多人会起鸡皮疙瘩、热泪盈眶，或感到喜悦、希望和活力在身上流淌。

如果我们能带领孩子大合唱，而且不去评判他们唱得"好"或"坏"，那么孩子会更容易打开心扉并享受到快乐，因为他们不必对自己的表现有任何压力。只需把目标放在大家聚在一起并大声唱歌上面，就能使孩子感知自己的情感并与所有人产生共鸣。

让你事半功倍的小窍门：让所有人聚在一起唱歌

让孩子参加大合唱是比较容易引入的实践。即便只唱了部分歌曲，每个人也都会被周围人流露出的欢乐情绪所感染。大合唱可以是合唱团的形式，也可以是不太正式的形式，比如跟唱。总之，要把所有人都聚在一起唱歌！

情绪游戏场之舞蹈和律动

我与数千名老师合作过,为他们设计了各种用于改善情绪健康、增进人际关系的艺术活动。可以说,几乎所有人一开始对使用舞蹈和律动这种艺术形式都非常犹豫。

这完全可以理解,西方文化中的舞蹈有太多负面刻板印象(训练枯燥,容易受伤),会让采用这种艺术形式的人觉得害怕和脆弱。但是,正是因为这种艺术形式会让人觉得脆弱,它才具备如此强大的效力。这就是舞蹈的好处之一。

大部分人对舞蹈和律动的好处都不甚了解,而且,他们对于和孩子一起跳舞一事颇有压力。但其实集体舞已经与人类相伴千年,且时至今日仍然活力四射,这其中自有其道理。舞蹈,是发自内心的。若我们有幸能在一个可以给人情绪安全感的地方随着音乐舞动身体,我们就可以进入一种不一样的感知状态。在享受音乐(其本身就具备让我们从兴奋转为悲伤的能力)和放空思维、只关注当下体验的双重作用下,我们就可以进入心流。经历心流时,我们最原始、最脆弱和最柔软的情感就会被激发出来。

除此之外,舞蹈还是超越语言的存在,即便是有语言障碍或不会说话的人,也能像可以正常说话的人一样,去和他人沟通和"说话"。这种形式非常有助于与有语言障碍的孩子建立联系。如果孩子们讲的不是同一种语言(或根本没有言语能

第四部分 唤醒内心的情感

力），如果需要在不同的文化群体、新朋友以及有智力残疾、说话困难的孩子之间建设一个充满爱的集体，就十分有必要引入这种媒介，供孩子与彼此沟通并建立情感联结。如果我们能够创造一个安全的空间，为孩子提供包容性的律动和舞蹈体验，孩子在此过程中产生的内心脆弱感就可以转化为温柔，而这种温柔，将成为关怀之心和情感联结的沃土。

一般情况下，这种开放心态和脆弱感并不是来自大部分孩子和青少年在电视和媒体上看到的那种舞蹈。它不是那种"性感"的舞蹈，要求跳舞的人身材苗条、四肢协调。舞蹈有很多种形式，不同的形式可以满足人类不同的需求，比如释放压抑的情绪、唤醒内心的情感，或者讲述故事。能够打动人心的舞蹈，是基于人际联结、心流和感觉的舞蹈。这种舞蹈不是以表现为导向，所有人不论是否有身体残疾或智力残疾，都可以体验。

知名作家和教育专家罗宾逊爵士在 2018 年的一篇文章《为什么舞蹈和数学一样重要》(*Why Dance Is Just as Important as Math in Schools*) 中提出："深入了解舞蹈后，就会对智力和成就的标准概念产生质疑，就会明白舞蹈拥有改变各个年龄段、各个阶层人的力量。"罗宾逊爵士清楚指出，他不是在反对数学课，数学是人类思维进行创造性冒险的必需掌握的知识。在针对所有孩子的通识教育中，舞蹈与其他艺术、语言、数学、科学以及人文教育一样重要。

在《世界各地的舞蹈教育》(*Dance Education around the World*) 一文中，研究人员夏洛特·斯文德勒·尼尔森和斯蒂芬妮·伯里奇汇总了近期国际上有关舞蹈价值的研究，他们发现舞蹈有改变各个年龄层和各个背景的人的力量——"舞蹈能把人们从水深火热的生活中解救出来，让人重新获得快乐和平静，还能缓解校园暴力和欺凌事件造成的紧张情绪"。

让你事半功倍的小窍门：简单动作

用"舞蹈"一词会让许多孩子觉得有压力，尤其是年龄较大的孩子，我们可以用"活动"来指舞蹈活动，以减少孩子的紧张感和防备心。这类活动不需要多么复杂，甚至都不需要孩子双脚离地！孩子只需用四肢、手指和肩膀便可做出这些动作。最简单的、不会让参与者觉得不自在的动作，更有可能唤醒孩子的情感和联结感。即便是没有任何舞蹈经验的非专业人员，也可以运用自如，因为这类活动需要建立在人际关系的基础上，而非专业能力。

在家里，父母可以随意设计动作。其实，用于缓解孩子情绪的舞蹈活动，由父母或老师主导效果更好，因为他们了解自己的孩子或学生，而且和孩子建立了良好的关系，更容易为孩子创造参与此类活动所需的情绪安全感。

就我的经验来看，虽然老师一开始可能会紧张，但只要勇敢迈出第一步去组织此类活动，他们就能看到，即使最难管教的孩子也会发生令人惊喜的转变，而且他们有能力组织好这类活动。我见过许多没有舞蹈背景的老师，利用这种艺术形式成功感化了屡教不改的孩子，唤醒了他们的爱心。此外，由于此类舞蹈活动包容性较强，且以孩子成长为目标，而非专业舞蹈能力为目标，因此压力其实并没有此前想象中那么大。实际上，许多老师都跟我说，他们不知道舞蹈原来还可以是这样的！

以上是一些集体体验的艺术形式，即用身体（包括声音）通过讲故事，让孩子与故事人物和/或彼此产生情感共鸣，但这些并不是唯一选择，我们还可以用其他艺术形式去讲故事并唤醒孩子的爱心，比如管弦乐、视觉艺术、摄影、电影制作……你可以有各种想法，只管大胆去尝试吧！

即使最坚硬的心也能被打动：针对极端例子的建议

对于上述这些方法，你可能会持怀疑态度："说得挺好，但是能打动冷漠的孩子吗？对爱欺负人的孩子有没有效果？毫不在意外界的孩子又能受到几分影响？一起跳舞、表演戏剧、唱歌就能改变他们？果真如此吗？"靠舞蹈、音乐……就能让"恶霸"改头换面？

果真如此！实际上，对于内心麻木不仁的孩子，这可能是进入他们内心的最好方法。

研究人员已经看到了这种方法的益处，即便是那些危险分子或已经因重大犯罪行为而入狱的人也有可能被此感化。舞蹈课、音乐课、唱诗班，甚至在戒备最为森严的监狱里也能看到这些活动。这些艺术活动不仅提高了囚犯的适应能力，还让囚犯越过了曾经让他们做出攻击和暴力行为的心理障碍。这些艺术课程唤醒了囚犯们的良知，改变了监狱里的氛围。

在美国纽约州安全级别最高的新新监狱（Sing Sing）里，有一名要在此服刑23年的囚犯肯雅塔。在服刑期间，他参加了该监狱的音乐课程，并称该课程是"我所体验过的最具感化力量的事情"。从该课程设立之初，他便参与其中，他说是这项课程让他对别人敞开了心扉。2014年12月，尚在新新监狱服刑的肯雅塔做了一次题为"通过艺术与他人联结"的TED演讲。他在这次演讲中说道："我不再那么孤单，因为我知道你至少了解我的某一面；你也可以不再孤单，因为你知道我了解你的某一面。这对我来说帮助确实很大。"

艺术有助于促进情感成长，随着人们对艺术这种力量了解的日益加深，越来越多的监狱引入了艺术课程，期待借此改善囚犯的情绪健康，而且也收到了极好的效果。新新监狱设有舞蹈、唱诗班、音乐和戏剧课程。虽然我附近就有一座监狱也在做类似的了不起的工作，但是我仍然选择以新新监狱为例，这座监狱的安全级别最高，代表着里面的犯人最难管教，因此我想用它来告诉大家，即便是最难管教的人也可以悔过自新。

例如，这座安全级别最高的监狱设有一项题为"借助艺术改过自新"[Rehabilitation through the Arts (RTA)]的课程。RTA始于1996年，最开始仅限新新监狱的犯人参加，后扩展至该州的其他五座监狱。凯特·鲍尔斯（Kate Powers，专业戏剧导演）曾写道：虽然一般人的重新犯罪率是68%，但在参与过监狱艺术和教育课程的犯人中，仅有10%左右的犯人会在刑满释放后重新因犯罪入狱。

许多学者、研究人员、医生、心理学家、教育工作者和犯罪学家开始关注艺术的感化力量。最近，西尔维·弗里戈在其编著的《舞蹈、限制与弹性身体》(*Dance,Confinement and Resilient Bodies*）一书中重点研究并探讨了全球七座监狱运用舞蹈改造犯人并帮助弱势群体的工作，通过舞蹈可以增强人的情绪健康与心理弹性。

人们深刻地认识到了心中有情感流淌的必要性，认识到古老的文化智慧对于推动情感流淌的作用，这种改变让人激动。有感而发的舞蹈，能让冷漠无情的人慢慢地、温柔地恢复情感，而那些脆弱、柔弱的情感：同情心、悔恨、悲伤、失落、关心、爱和希望，也都可以放心地流露。

第18章

成长的意义

(图：圆形排列的词语：游戏 · 释放 · 表达 · 感知 · 联结 · 关系 · 机灵 · 本性)

整合的力量：大医学工作室的故事

很幸运，我曾带我的学生多次参观了加拿大尼皮辛原住民保护区（Nipissing First Nation）的大医学工作室（Big Medicine Studio）。我们和位于那里的艺术机构 Aanmitaagzi 在尼皮辛湖旁边的森林中进行了为期四天的静修。Aanmitaagzi 是奥布吉瓦语，意为"他/她说话"。

这座艺术机构把诸多有利于打造情感健康共同体的因素糅合在一起，这里是一个能够改变人一生的地方。这里没有年龄之分，也不设具体课程，而是以关系为基础开展教育。我们有时在工作室里，有时在户外，有时是在大自然中创作，有时则是和大自然合作。我们一起做饭，一起做清洁，一起玩游戏。所有这些，都不是专为孩子而设。孩子来到这里不是为了学习，老师来到这里也不是为了等待和陪伴孩子学习。

有一年，我们去参加了 Aanmitaagzi 的一次冬季之行。去的时候正值大雪纷飞，大家既紧张又兴奋。坐在面包车上，孩子们一边听着音乐，一边闲聊。整个车程需要四个小时，半路上，孩子们都聊睡着了。到了目的地，孩子们半梦半醒地下了车朝工作室走去。当我们开门进去的时候，那里的人已经在入口处整整齐齐地列队欢迎我们。他们给了我们一个大大的拥抱，虽然我们还不认识，但这完全没有影响他们对我们的热情。他们非常自然地和我们攀谈，很快，孩子们也笑着去迎接他们的拥抱。

吃饭时，工作室和社区的人也没有单独坐在一边，而是散落着坐在孩子们中间，和他们找话说——对他们的生活表示出真诚的兴趣，并真心希望和他们建立关系。

在这四天的旅程中，我们一起体验了戏剧、视觉艺术、舞蹈、音乐和声音艺术。我们围成一圈坐下或者边做饭边听彼此讲故事，有的人把我们的故事用舞蹈形式演绎了出来，还有人把我们的故事画成了画。

有一次，我们参加了以鲟鱼神话为主题的研讨性演出。我们按每组六人（包括孩子和老师）分成了几组，不分年龄、宗教、文化、背景和特长，每一组负责演绎这则神话故事中的一个部分。我们的演出将在那天晚上在夜空下结冰的湖面上进行分享。

白天我们开始做准备。我们从树林里收集树枝，然后用绳子绑在一起做成临时背景。对于如何表演，我们并没有明确的计划，但是随着准备工作一步步开展，很多事情便水到渠成。我们把水倒进锡箔饼盘里，再往里面加一些树枝和松果，然后放置一下午让它结冰，到了晚上再拿出来，就做成了"灯"。它们看起来就像是圆润的彩色玻璃一般。我们用小茶灯把这些支起来，然后以我们的树枝背景为中心，散放在湖面各处。

夜幕降临后，我们裹得严严实实地向湖边走去。那场面，真的梦幻极了。所有人都怀着敬畏的心站在那里。我们看到了那些从未到过这座森林和在别处没有欣赏过的无比壮观的景象，我们的世界有多么美丽、多么广阔！孩子们全都睁大了双眼，不知说什么才好。周围的一切都静悄悄的，夜空中无数繁星一闪一闪地眨巴着眼睛。我们在这结冰的湖面上并肩而立，凝望着似乎永远也下不完的雪花，还有那像钻石一般的无边无际的天空。

而后，我们便开始用戏剧和舞蹈来演绎我们的故事。这些表演无须记忆，也无须练习。我们只知道故事的大概情节。我们没有带音响，如果哪个小组想来点音乐，可以自行演奏。有几个小组选择了打鼓，有的小组则拿起了两块石头敲击作为背景音乐，还有几个小组用无声的方式演完了自己的部分。我们的耳旁只有风声和他们双脚踩在雪地上的嘎吱声。这场表演没有观众、没有掌声，当然也就没有压力。我们是为了自己而表演。我们用艺术的形式一起游戏，静心聆听彼此，聆听大自然。在这个宁静的夜晚，我们对这个世界充满了好奇，曾经紧锁的心扉也因此彻底敞开。

自那次以后，孩子们之间、我和孩子之间似乎建立了一种很难用语言表达的联结感。我们曾一同体验艺术，一同体验人性。在那场悄无声息的大雪中，我们聚在了一起，聚在夜幕之下，头顶无数繁星，那一刻我们所有人的心都联系在了一起。所有人都感觉到了这一点。无论是大人还是孩子，也无论我们来自哪里，现在的我们已经成了真正的"我们"。

整合的力量：芬兰的经验

芬兰人认为艺术是一门非常重要的学科。实际上，他们把艺术视为个人发展和幸福的必要条件。除了能帮助孩子了解自己和其他同学的经历，艺术还能帮助他们培养自我意识。

芬兰的教育体系很重视艺术的价值，他们的核心教育理念之一是：良好的教育最重要的一个因素就是学习环境能提升孩子的幸福感。

为了提高孩子的幸福感，每次 45 分钟的课程结束后，必须让孩子休息 15 分钟，到户外做游戏，这是芬兰学校最独特的特色。15 分钟的户外游戏时间，是由老师带领孩子进行，还是由孩子自主玩耍，由老师来决定。不管是什么样的形式，即便老师不去引导，游戏过程中师生关系和孩子之间的关系都会更加亲近。针对年幼的孩子，芬兰的做法更加宽松。芬兰的孩子一直到七岁才会上一年级，在此之前，大部分的学校时光都是在玩耍中度过。即便是上了一年级，学校也会给年幼的孩子留出充足的玩耍时间。

在芬兰接受教育的孩子，不仅在国际阅读和数学能力测验中展现出优秀的"硬技能"，还通过师生协作与灵活的课程安排习得了出色的"软技能"。

芬兰教育体系有很多值得我们借鉴的经验，而其中有四个方面的因素与培养情绪健康、减少问题行为和减少焦虑息息相关。这四个方面是：

- 老师的优秀引导。
- 师生合作。
- 重视艺术，一起体验艺术。
- 一起到户外做游戏。

芬兰的教育模式令人鼓舞，大医学工作室完美再现了原住民的世界。二者的呈现方式虽然不同，而你也许无法感同身受，但只要仔细观察一下这两种模式的共同点，就会发现二者并没有什么特别之处。这两种模式都没有为孩子准备最先进的高科技电脑软件或实验室，而是以关系、游戏、户外活动和表达活动为基础，并把所有这些元素融入了每天的学习当中。

以关系为基础的简单活动，有助于孩子释放情绪、表达自我、与人交流。这些活动虽然简单，却可以发挥很大的作用。它能持续不断地唤醒孩子的情感，提高孩子的知觉能力，帮助孩子培养与他人的联结感。

整合的力量：午餐时间的魔力

下面是发生在魁北克省一所小学的故事：老师们把午餐时间和休息时间重新做了规划，用以培养师生关系并为孩子提供释放情绪和表达自我的空间，借此改变了他们的校园生活体验。

我们的蜕变之旅

大卫·麦克福（David Mcfall）校长

皮埃尔·艾略特·特鲁多小学

魁北克省赫尔市

在二月中旬的一天，天气晴朗而寒冷，午休时间我去操场上看孩子们玩游戏。来到高年级操场后,我惊讶地发现那里几乎没有一个孩子。这是怎么回事?我们学校至少有 300 名高年级孩子、250 名低年级孩子,为什么会一个人影儿都没有?突然,我想到了一件事,心里就明白了。原来大部分孩子不是在成年人的带领下参加活动,就是在照顾年纪更小的孩子。我在皮埃尔·艾略特·特鲁多小学(PETES)当了十年校长,此时可以说是我最心满意足的时刻。

十年前,我刚到这所小学上任,完全没有管理小学的经验。虽然我曾做过八年高中老师和七年高中副校长,但这些经历对小孩子似乎并没有什么用处。我清楚地记得到校的第一天,当校车停稳开门后,我被一群小小的孩子下车的情形吓到了。那一刻,我无比怀念那些不守规矩的高中生,虽然他们也不好管理,但至少还可以预测。

当小学校长的头六个月,我过得很不好。每到休息时间和午餐时间,都会有至少十几名孩子因为攻击或欺负他人而被送到我的办公室。每次我都本能地采取处罚措施:取消休息时间、取消体育课,甚至还会让某些孩子停学。我忙着处罚孩子,甚至都没发现事情并没有改善,而是越来越糟糕。我对休息时间的整改计划相当简单:把 300 名孩子(现已增加到 550 名)全都送到教室外面去,关上门,让自己缓口气,然后等着处理午餐时间出现的各种糟心事。老师们似乎都很高兴,因为他们可以在面对那些没完没了的矛盾之前,先躲到教研室喘息 20 分钟,事情似乎就应该这样。

然后有一天，也许是天赐良机，我遇到了一件不仅改变了我的事业，而且还改变了我人生的事（我当时并不知道，它还拯救了许多人！）。我们学校的董事（他估计知道我对孩子早期发展一无所知）为我注册了诺伊费尔德博士的一门课程，题为"理解孩子"（Making Sense of Children）。听完第一节课之后，我开始慢慢地反思（而不是做出反应），这是这几个月来第一次，我终于学会了从不同的角度去看待问题。不过，最重要的是，我得先把休息时间安排好。

于是，我们先请学校的行为专家德克兰在休息时间在体育馆组织体育活动。这项全新的体育项目是专为15～20个我不想让他们出现在操场上的孩子而设。对午休时间的这次微小调整几乎收到了立竿见影的效果：每次休息时间被送到我办公室的孩子不再是20个，而是很快减少到10个左右。我一点也不知道，这15名操场上的"惯犯"在一位充满爱心的成年人关照下，可以在体育馆表现得很好。

有位老师说，好孩子为了午休时间能去体育馆都开始学坏了，打那以后，我们每个月都会对午休时间的体育馆项目做些小小的调整。我们想出了一个新办法：让不同年级的孩子分别在不同的日子去体育馆。想去体育馆的同学需要在报名表上签名，然后才能在他们所属年级的体育馆日去体育馆。不过，那15名孩子可以每天都过去。

在充满爱心的成年人照顾下，所有孩子都可以一起快乐地玩耍。孩子们对这位充满爱心的成年人产生了深深的依恋，一轮到他们去体育馆就兴奋无比。现在，通过孩子的眼睛，我发现了人生拥有无数的可能。

后来，我们又慢慢在休息时间加入了一些新的活动，让孩子们能有一个安全场所，在充满爱心的成年人的陪伴下快乐玩耍。我这个体育白痴校长还有另外一个意外发现：不是所有孩子都喜欢运动！针对操场上充满攻击性的年幼孩子，我们设立了乐高俱乐部；针对喜欢安静的大一点的孩子，我们设置了一间阅览室。通过对休息时间的这些微小调整，我们把操场上的意外事件发生率降到了每天5起左右。

另一个惊喜发现是：许多孩子喜欢为学校帮忙。一些孩子询问他们是否能到厨房帮厨师做饭，还有人想到操场上给低年级孩子进行体育指导。几个月后，我们成功设计出一门游戏组织者（Playmakers）课程，就如何组织开展游戏对孩子进行培训，同时还开设了一门迷你厨师课程，向孩子教授烹饪知识。

在我们学校，孩子还可以按照自己的想法组织午餐俱乐部或活动。孩子只需提出想法，然后找一位老师帮忙指导。

每天都会有孩子敲开我办公室的门，或者半路截住我对我说："先生，我们想成立一个俱乐部。"给孩子机会让他们去探索自己的好奇心，这是最好的礼物。当然，那些俱乐部办得相当棒，但孩子和老师之间的健康依恋关系更为重要。孩子们现在都有了认同感和被照顾的感觉，这种感觉一直都在，只是很少有人看到或想到。

走到低年级的操场区后，我听到了孩子们最动听的笑声，看到了孩子们最美丽的玩耍景象。高年级孩子正在帮助年幼的孩子；指导老师在陪孩子们做游戏；还有许多的孩子在跳绳、鼓掌、唱儿歌。

在学校里面，我惊讶地看到有好多孩子在各种俱乐部和活动里与老师亲密互动：编织、串珠、唱歌、做饭、跳舞、读书、打鼓、画漫画书、解魔方。我这位菜鸟校长终于明白了童年的意义：玩耍和依恋。

我们总是如此忙碌，忙着工作，忙着生活，因此很少有机会看到孩子们成长的果实。但是，当那一刻来临，你也迎来了一派和谐，自然就可以亲眼看到所有人的变化。非常感谢诺伊费尔德博士，是他让我知道了依恋教学法。这是一份无价之宝！

整合的力量：选择适合自己的方法

每位教育工作者都会找到适合自己的办法，去为孩子打造释放、联结和表达的空间。有些人可能是通过体育，体育活动既能释放体能，又能用充满趣味的方式把志同道合的人团结在一起。有些人可能会选择科学研究和发明等活动，还有些人喜欢一起做木工和手工制作。当然，也有些人会选择艺术。

对有些人而言，在大自然中引导孩子最舒服、最自在。每周带着孩子去大自然中散步，又或者是在教室里打造一个班级花园，请班上同学帮忙照顾里面的花花草草，并为彼此和班级种些蔬菜。总之，每个人都会找到适合自己的方式。

无论选择哪种方式，最好把其设计成一种仪式，这样一来，你就不必刻意记得要去做这些事。它能使你们之间始终保持一种联结感，还可以使孩子的情感处于活跃且健康的状态。它能用真实、可信赖的方式维系孩子对你和其他人的联结感。

茁壮成长的含义

一个人永远不可能只靠自己就能茁壮成长。我们无法在与世隔绝的环境中成长。真正的成长，只有在与他人有联结的环境中方可实现。人要想真正成长，必须与他人相互依存、相互联结。

为此，我们需要与孩子建立良好的关系，为其打造足够的安全感，让他们可以放心地做自己。当他们坦然接受自己的个性之后，再带领他们去感受彼此的人性。通过这种方式，孩子才会茁壮成长。

我希望，你可以重拾初心，重新点燃内心的火花，充满热情地投入这项工作中去。正如我们希望以一颗包容宽大的心对待孩子一样，我希望你也能用这种心态对待自己。温柔对待自己，而且是真正地、发自内心地去这么做。也许这会花费一些时间——关系和成长一样，都不是一朝一夕便可发生的。所有的成就都需要时间的积累。联结和关系是教育工作的本质，我们要用最人性化的方式，带领孩子茁壮成长。

我希望通过阅读本书，你可以学会从不同的角度去看待孩子，并真正明白孩子有多么需要你。他们需要你。现在不是退缩的时候，而是要勇敢上前，去唤醒你的孩子。你的角色至关重要，你的孩子需要你去亲近他们、引导他们。你是世界的变革者，这个世界比以往任何时候都需要你。

在朝着目标前进时，请记住我们就如同孩子的太阳。我们的温暖可以融化孩子的心，照亮他们美好的一面，让他们可以看到自己的优点。我们的温暖要足够强烈，如此便可以给他们足够的安全感，让他们脱掉自己的"斗篷"，对这个世界敞开心扉；同时，我们的温暖还要足够温柔，如此他们才会希望回到我们的怀抱，沐浴在我们的温暖之中。就像太阳每天早上唤醒我们一样，我们温暖的引导也可以创造条件，唤醒孩子对自己、对我们以及对彼此的情感，去体验最完整的人性。

特别建议

给6~18岁孩子父母的特别建议

孩子上学后，父母要尤其关注孩子的需求，特别是他们在学校遇到的各种困难。下文是给学龄孩子父母的一些建议：

· 建立情感联结，创造情感流露空间。作为父母，要有意识地多和孩子联络感情，给孩子建立情绪安全感，为其创造流露情感的空间。通过和孩子联络感情，你还可以找到帮助孩子排解一天坏情绪的方法，比如在户外跑步、玩蹦床、打鼓、来一场即兴舞会，或者放学后边吃零食边聊天，让他们紧绷的神经慢慢缓和下来。

· 让孩子有充足的时间玩耍。给孩子留出自由游戏的时间，让他们在自由玩耍中释放压抑的情绪，表达自己的情感，探索世界。如此，他们沮丧和紧张的心情便可自然而然地平复下来。让孩子多和大自然接触，也十分有利于改善他们的不良情绪；你可以充分利用周围的一切自然资源，比如树木、公园、花园。

・帮助孩子缓解分离焦虑。年纪小的孩子容易想爸爸妈妈。因此，父母要想办法，让他们随时都能感受到父母的存在——满满一口袋的吻，一条连着你和孩子的隐形线，午餐盒里的一张便条，或者一条有特殊意义的项链，都能让他们觉得，你一直都在他们身边。万事开头难，一开始你也许会束手无策，但只要你明白了孩子的需要，让孩子即使不在你身边，也能感受到与你的联系，自然就会知道如何帮到他们。耐心和毅力当然必不可少……要相信，总有一天会取得进展，哪怕只是最微小的变化。

・善做老师与孩子之间的桥梁。了解老师，为孩子和老师搭建一座双向桥梁，对孩子的学校教育至关重要。即使孩子不是特别喜欢老师，语气也要热情，以此来感染孩子，让他们更愿意接受老师的指导。请记住，要和老师站在同一条战线上！家长要重拾"养育孩子需要举全村之力"[1]的教育理念，让孩子看到这个对他们充满信心的优秀团队。学校活动、家长老师面谈会都是搭建师生桥梁的好机会，仅仅是内心有此意向也可

---

1 "养育孩子需要举全村之力"，来自非洲谚语"It takes a village to raise a child"，其认为，养大一个孩子，尤其是养好一个孩子，光凭妈妈的力量远远不够，而是需要全村人的力量。

以——你的努力对孩子大有裨益。你甚至还可以帮助组织学校活动，主导发起有助于老师、孩子及家人建立联结的活动，比如百乐餐、户外烧烤或公园联欢。一般情况下，凡是跟食物有关的活动，都有利于增进情感。

・了解孩子的内心世界。优势之一：能够看到并理解孩子身上发生的事情。他们哪里遇到问题了？哪里遇到挫折了？为什么会受挫？我们对于孩子的情绪了解越多，也就越能灵活地为孩子们制造情绪表达和释放的机会。

・提供更多表达和释放机会。我们更了解孩子的情绪变化情况，因此在帮助他们表达和释放情绪上会更加得心应手。我们可以把表达或释放情绪的活动融入日常或每周的定期活动中。我们可以问问自己：要怎么做，孩子才会愿意学习？也许是到户外活动一会儿，骑骑车、跳会儿蹦床，抑或到花园里拔杂草；或者来点音乐，打打鼓、唱歌跳舞，让情绪流动起来；还可以参与艺术活动——绘画、涂色、削木棍。我们甚至还可以从这些事情中学到新的知识。

・提供更多探索学习机会。另一个优势是，能够把学习从成果导向转换为探索模式。例如，可以通过游戏、音乐和绘画创建趣味性学习场景，让孩子在更加自然的状态下学习。这种学习模式还有望缓解孩子的部分外在压力，减轻焦虑。我们越注意减轻孩子的焦虑，包括把成果导向转换为探索模式，孩子们就越放松、越愿意学习。

・关系大于一切。家庭教育面临一项独特的挑战：维系与孩子之间的亲子关系。我们首先是一名家长，不能让老师的角色喧宾夺主。有时，我们可以不把自己视为孩子的老师，而是他们学习的引导者。这种角色定位不易让我们产生与孩子对抗的心理，相反，我们会更理解孩子，同时也便于为他们创造理想的学习条件。此外，这还有助于我们为孩子打造成长圈——联结其他人，填补角色空缺，提供数学、书法、音乐或物理等方面的帮助。这需要我们有意识地去做，我们的努力最终都会成为孩子们成长的助力。

总之，孩子和我们在一起时需要有安全感。我们要用温暖去引领他们，而他们要以我们为导向。这种关系是孩子获得情绪健康和真才实学的基础、起点和必经之路。

给家长的沟通建议

如何与他人分享我们教养孩子的心得？原则就是：掌握分寸，尊重对方，循序渐进。

我们没办法把新学到的知识强加给其他人，单方面的热情没有任何意义。我们不得不承认，对方也许还没准备好，或者根本不愿意听我们说那些话。如果说话的方式太过直接，更是会令对方产生戒心。因此，切不可急于求成。我们可以等待时机，等对方主动找我们谈论孩子的问题。沟通过程中要顺势而为，而不是强迫对方聆听并接纳你的观点，这样更有可能取得效果。

• 统一战线。自古以来，家长和老师一直都是站在同一立场。我们是一个团队，目标都是帮助孩子学习和成长。要想帮助迷失自我、在困境中挣扎的孩子，最好的办法就是家长和老师统一战线，孩子们需要家长和老师统一战线。我们必须主动团结起来，共同帮助孩子成长。

• 少责备，少批评。有时老师会觉得家长对自己不满，而且不被家长重视。他们辛苦工作，为孩子们付出了大量心血，却得不到家长的认可。有些家长还会对老师的工作横加干涉。看到自己孩子的问题频发，或因为其他问题行为而情绪不好，家长会十分担心，他们会觉得自己的建议没有得到老师的重视。家长也会因为孩子的问题行为而被老师批评指责。如果家长和老师能尽量避免当着孩子的面说对方不好，那将对孩子的成长大有帮助。此外，如果老师和家长之间确实存在分歧，最好避开孩子私下解决。

• 常态化沟通，而不是只在出现问题时沟通。很多老师都会给家长打电话，告诉他们孩子在学校的表现如何，不过大部分都是投诉孩子的问题。如果老师打电话给家长是为了表扬孩子做得好的地方，那就可以改变家长对自己孩子的看法以及孩子对自己的看法。有效沟通的关键在于，要用不会引发对方戒备心的方式去沟通，而且要尽量赢得对方合作，和自己一道为孩子成长而努力。家长还可以到教室里做志愿者或者在孩子户外活动时前去帮忙。

· 增强孩子与家人的情感联结。增强孩子与家人情感联结的方法之一，是鼓励孩子从家里带些照片或物品过来。这个方法对年幼的孩子非常有用，可以让他们在学校也能感受到家人的存在。老师的欢迎辞、家人的介绍信，也都可以强化这一情感联结。

· 培养集体感。每年年初或每个季度，家长和老师可以发起或协助组织一些活动，让家长、老师和孩子共同参与进来，这样对家长和老师都有好处。例如，户外烧烤、百乐餐和甜点夜。只要是和"吃"有关的活动，都是培养集体感的绝好途径，在这些活动中，老师和家长可以在非常自然舒服的状态下就孩子的问题进行沟通。虽然可能需要多花些工夫做好计划，但做成之后，就能为孩子建立更强大的支持网络，减少家长与老师之间的隔阂，促进孩子的情感健康和幸福感。

后 记

我曾开设过一个讲习班，为教师们讲授有关情绪健康与包容性的知识，其中我们讨论到工作中让他们心力交瘁的事情。老师们纷纷表示，令人头疼的不是教学问题，而是孩子的行为问题。班上的孩子大多有情绪问题，焦虑、易怒、攻击性强、缺乏同情心。他们害怕每天早上面对孩子，因为感觉不知道怎么去引导孩子的情绪。老师们的无奈和沮丧触动了我。

后来，我读到了戈登·诺伊费尔德博士与加博尔·马泰合著的《每个孩子都需要被看见》(*Hold On to Your Kids*)。阅读此书时，我感觉自己被带入到了最古老、最深奥的智慧当中，却又看到一种全新的解读视角。他的见解引起了我深深的共鸣，引起共鸣的并不是某些有趣的学术思考，而是一种发自内心深处的认同。诺伊费尔德博士用清晰明了的文字写出了我每天都在做的那份工作，即利用人际关系和情绪表达活动来改造个人，打造情绪健康的个体。他剖析了情感的发展规律，提出了人类对于情感表达的需要。他成功地阐明了一个无形而抽象的事物：关系对挖掘孩子潜力的作用。

备受激励的我想方设法去搜集有关这一方法的信息，最后成了诺伊费尔德学院（The Neufeld Institute）的一名课程导师。此后，我在为教师提供职业培训时，便把诺伊费尔德博士的关系型发展教学法和我的关系体验教学法介绍给参与培训的老师，这两种教学方法都有助于促进孩子的情绪健康，影响孩子的学习。有了这些工具和理论，在帮助老师解决其当前所面临的问题时，我更加充满了信心。

在诺伊费尔德学院学习期间，我认识了塔玛拉。她是一名注册临床咨询师，也是戈登·诺伊费尔德博士的女儿。她在讲习班邀请别人参与学习时的热情，言语之间透露出的真诚与谦逊，她依靠直觉和孩子们互动的场面，积极主动引导别人去发现自己内在潜力的行为，这些都深深吸引了我。很多人说，塔玛拉与教育工作者、家长和咨询师的合作改变了全球各地孩子的人生。

后来，我们开始合作、一起设计项目。我找到了一位完美搭档，能和她一起完成我内心酝酿多年的那本书。

汉娜

一直以来，我都在为教师提供儿童成长方面的培训。在这期间，我目睹了无数家长和老师的无助和恐慌。

二十多年前，一所初中聘请我去解决一起网络暴力事件，这种事在当时还非常少见。而如今，孩子在学校的情绪健康问题却普遍存在。

十年后，我进入诺伊费尔德学院工作，这是我父亲戈登·诺伊费尔德博士创办的一家非营利机构。他是一名临床心理学家和发展理论家，几十年来一直致力于理解孩子、帮助家长和老师回归掌舵人的角色。该学院的中心课题是挖掘人类潜力、认识关系的重要性、了解人类的脆弱性和自我防御机制，以及如何通过游戏来表达情感的需要。加入该学院后，我就开始和父亲一起设计课程，通过课程把这些知识带给最需要它的人。我很热爱这份工作。我发现，孩子需要有安全感的关系，还需要有表达感情的机会。我希望通过我的工作能帮助孩子，能为孩子的青少年时光创造一个更安全的学习和成长环境。

大约九年前，在蒙特利尔的一次会议上，我认识了汉娜。她向我介绍了她写的一些关于通过游戏和活动来表达情绪的书，当时我非常欣赏她为孩子带来真正改变的创新方法。她运用人际关系、体验式教育和情绪表达来帮助孩子成长的工作经历，给我的咨询工作以及我对孩子的研究带来了很大启发。

几年后，我有缘见到了由她设计的一项体验式教育项目。那时，她带着一群高中女生不远万里来到温哥华，然后在温哥华大学分享了她们的研究成果。这些女孩是一家自我发现与社区建设机构的成员，这家机构以探索社会问题为使命，所有人都可以加入。这些女孩代表了不同的背景、能力、信仰、肤色和体型。她们当中的大多数人在加入汉娜的项目前都没有学过戏剧或跳舞。这些年轻的女孩分享了她们根据自己的生活和奋斗经历、社会不公现象创作的活动和艺术表达作品。这些作品深深地感动了我，汉娜对周围这些年轻人的爱心以及她为孩子们打造安全的情绪表达与自我发现环境的方法令我备受启发。

汉娜与孩子的体验式教育项目越来越受关注。她开始为加拿大各个年龄段的孩子和各类院校设计课程。最近，加拿大人权委员会（Canadian Human Rights Commission）在其发表的文章中讲述了为加拿大人权事业做出贡献的五位加拿大人的故事，其中之一便是汉娜。许多大学的教育部门都希望汉娜的创新教学方法能帮助老师促进孩子的情感成长。

后来她成了我父亲学院的课程导师，我对她的工作有了更加深入的了解。因此，当汉娜邀请我合作编写本书时，我感到荣幸之至，心中激动万分。我毫不犹豫地答应了她！她为人热忱且充满激情，心志坚定又坚忍不拔，能与这样一位和我志同道合的人合作，实乃幸事一件！

塔玛拉

很多教育工作者、心理咨询师、学校委员会和家长都来找我们二人，就如何寻求转变向我们征求意见。于是，我们开始在各个地区的学习社群举办或协办有关情绪健康的讲座。此外，我们还从关系发展的角度出发，在当地一所大学的教育学院共同教授关于孩子如何成长的课程。

我们一起研究了哪些方法可以减少孩子的焦虑情绪和攻击性行为，又有哪些方法能活跃和唤醒孩子的同情心、探索意识和集体观念。经历了无数次品茗畅谈、无数次渡轮言欢（我们住在一个岛上，很大的岛！）、无数次秉烛夜谈后，一本书终于初现雏形。

二十多年来，我们一直亲自参与孩子和教师的教学实践，并设计出了多个情绪健康和社交健康项目。我们的工作足迹遍布全国各地，其中既有我们二人的单打独斗，也有我们的并肩作战。

我们不是学校老师，但一直以来，我们扮演的角色都是孩子校内和校外情绪健康的守护者。我们还身负一项重要任务，那就是帮助老师开展教育教学工作，让他们的工作更加简单、更富有成效。

本书虽为合著，但在编写时并不区分我们二人，为此我们特意写了一份"谁是谁"说明。虽然我们都分享了各自的独特经验，但如果书中老是出现"我，汉娜"或"我，塔玛拉"，担心会分散读者的注意力。我们的愿景和方法是一致的，这才是重点，所以我们的故事和经历能够融为一体，为读者呈现更加简单易读的内容。

为保护书中人物的隐私,我们将他们的具体姓名和情况做了改动处理,并已得到他们的同意。

汉娜 & 塔玛拉

"谁是谁"?

汉娜

有两儿一女(雪人故事里的托马斯就是其一);

家庭成员众多;

曾在方舟之家生活过;

和玛吉·吉利斯合作"我今天能犯几次错"讲习班;

带领孩子巡演"每个人都有自己的故事"和"我是谁";

参观大医学工作室,和 Aanmitaagzi 合作;

和妈妈到杂货店买东西,妈妈说特别喜欢她;

和孩子共进了一顿百乐餐,其中一位孩子为她介绍了一道美味的鱼头。

塔玛拉

有两个女儿和七只羊驼;

女儿有爱尔兰血统;

两个女儿都参加了 4H 俱乐部;

讲课前喜欢先讲一个故事；

喜欢彩笔（真的，她非常喜欢彩笔！）；

收拾了一天东西，又热又累，心情烦闷；

觉得水浪的声音很迷人；

上学时喜欢回家吃午饭（觉得学校食堂很糟心）；

经常用羊毛毡做爱心，然后在学期结束时送给她的孩子。

致　谢

　　本书得以付梓，要归功于多位工作人员的共同努力。笔者二人谨此对下列人员表示特别感谢，感谢他们为本书做出的重要贡献。

　　感谢我们的战略顾问和导师莫尼卡·乔汉，感谢她为我们剖析想法，整理思路，使得我们梦想成真。是您激发了我们的创作灵感，是您始终用前瞻性的思维，带领我们穿过杂乱无章的想法和概念，明白自己真正的内心所想，并把它付诸纸端。感谢您真诚、清晰且一丝不苟的指导——这份礼物宝贵之至，是它令一切成为可能。

　　感谢我们的出版团队 Page Two，感谢你们为本书出版而投入的热忱与辛劳。感谢特雷娜·怀特，承蒙慧眼识珠，拍板出版本书。感谢编辑阿曼达·刘易斯，她为人热忱幽默，工作细致严谨，专业能力突出，是她帮助我们捋清了写作思路。还要谢谢她的猫咪查理，每次视频会议时它都在一旁饶有兴致地观看。还有 Page Two 团队的其他人，感谢你们化零为整，本书才得以成形——感谢你们一路以来的携手合作。

感谢戈登·诺伊费尔德博士，感谢您对发展心理学的卓越贡献，感谢您致力于理解孩子。您的工作，改变了全世界无数孩子的人生，让人们看到了成年人在孩子生活中的重要作用。感谢诺伊费尔德学院台前幕后的所有工作人员，谢谢你们讲授课程、分享依恋型发展教学法，谢谢你们对孩子们的所有关怀。

感谢黛博拉·麦克纳马拉，您的著作《优秀的孩子这样长大》[*Rest Play Grow: Making Sense of Preschoolers (Or Anyone Who Acts Like One)*]给了我们诸多启发，感谢您在本书创作过程中的各种帮助。

感谢伊娃·德·戈斯托尼、玛蒂娜·德默斯、大卫·麦克福尔、詹姆斯湾社区学院（James Bay Community School）和圣女贞德学院（James Bay Community School）对本书的大力支持。感谢与我们分享贵校的故事，从贵校打造以关系与游戏为基础、支持情绪表达的学习环境的经历中，我们收获良多。

感谢旺达·克莉丝汀森和杰基·哈恩，谢谢你们为"特别建议"版块提供的宝贵意见以及对本书工作的理解与丰富的经验支持。

感谢同行评审小组：克里斯汀·查尔斯、旺达·克莉丝汀森、塔兰·乔汉、伊娃·德·戈斯托尼、达西·米尼克、康妮·斯普林菲尔德、凯尔西·沃尔什和凯茜·沃肯廷。感谢你

致谢

们对我们的手稿进行了全面细致的审阅。你们的每一份独特见解，都令本书增色不少。

感谢爱丽丝·芒罗，谢谢你为本书设计插图。谢谢你耐心听取我们的想法。

感谢《从内到外理解青春期》栏目的参与者：安布尔、贝弗莉、克莉丝汀、康妮、科琳、黛安、海琳、金姆、克莱因、劳拉、娜塔莎、莎拉、斯蒂芬妮、塔尼娅和特丽莎，谢谢你们为本书书名的选取工作献言献策。

感谢詹妮弗·托比将你的乡间小屋借与我们，这间小屋距离米尔湾仅几步之遥，堪称一处完美的写作胜地，感谢慷慨相借！感谢米尔湾当地的咖啡馆 Rusticana 带给我们的灵感和耐心陪伴，感谢 Bridgemans 酒馆的薯条和苹果酒陪我们度过了无数个深夜！

感谢安妮和迪克·瓦伦塔邀请我们到他们赛特纳岛上的家共住，温馨漂亮的家居布置，唯美动人的自然景色，与众不同的岛屿风光，让我们能够沉下心来静心写作，我们在这里度过了许多美好的写作时光。这里是真正的创意之源！

感谢莎拉·皮卡德带领我们进入社交媒体世界，把我们的工作和想法分享给更多的人。你的指导和支持对我们意义重大！

汉娜的个人致谢

感谢我的孩子托马斯、玛德琳和埃文——你们是我生命中最好的礼物。是你们唤起了我对孩子、对教育工作的热爱，激发了我致力帮助全世界的孩子的愿望。谢谢你，托马斯，谢谢你对我研究工作的支持以及我们每一次关于教育的促膝长谈。谢谢你，玛德琳，谢谢你花时间、花心思为我书中提及的孩子起别名，谢谢你对我的鼓励。谢谢你，埃文，谢谢你对书名和封面的独到想法。

感谢我的学生——谢谢你们多年来的坦诚相待。当你们的老师真幸福，是你们让我的生活充满了欢乐。你们用自己独特的方式，充实了我的心灵，作为一名教育工作者，我的成长有你们每个人的功劳。

感谢我的丈夫，达西——你坚定不移的支持，是我坚实的后盾，免除了我所有后顾之忧，让我可以放心远航，专心著书、教学，毫无顾忌地为孩子们的情绪成长而努力。没有你的支持、你的爱，我的一切都将无法实现。

感谢我的父母、兄弟姐妹和朋友们，谢谢你们对我的支持。你们的耐心和鼓励，对我而言意义重大。

感谢凯埃塔·怀特，谢谢你在我编写本书的过程中，一如既往地支持我。

感谢史蒂文和雪莱·韦尔彻，谢谢你们一开始就对我信任有加。你们总能帮我看到"还差点什么"。本书能够出版，离不开你们无条件的支持。

塔玛拉的个人致谢

感谢我的女儿琪拉雅和西妮德，你们不仅是我最好的老师，还是我最大的快乐源泉！你们的默默奉献也许不为人知，但你们永远是我眼中的 C 位！没有你们，没有我从你们身上学到的东西，没有你们日复一日的影响，就不会有我今天的成就。

感谢我的学生，谢谢你们笃信好学，是你们让我明白，我有多么热爱教书育人。你们不仅鼓舞着我，感染着我，在我自己的成长之路上，你们还教会了我很多重要的东西。

感谢我的父亲，谢谢您发人深省的理论工作，改变了我看待孩子的角度，能与您并肩为此作战，我深感荣幸。

感谢我的母亲，谢谢您在本书创作过程中对我的支持与鼓励——您对我的信任，我始终心怀感激。

感谢吉纳维芙对我坚定不移的支持——支持我的一切，尤其是支持本书的创作。

感谢琳恩，她总有办法让我干劲儿十足，感谢特莉娜让我找到了自己的风格。

感谢我的姐姐塔莎，无论发生什么事都陪在我身边，在我编写本书时也始终如一地支持我，感谢她为我出谋划策。

感谢我的阿姨凯茜毫无条件地信任我以及对本书的热情支持（本书主旨恰好深得她心）。

感谢我的祖母和外祖母，虽然你们已经不在人世，但你们的鼓励言犹在耳。谢谢祖母安妮——我仍能听到您呼唤我的名字，您仿佛一直在我身边，这对我而言是一种莫大的鼓励。感谢外祖母——我一直将您说过的话记在心上："所谓不可能，只是功夫不到。"这是我为传递您对教育的热情以及为了孩子们所做的一点贡献。

我们二人衷心感谢各位读者朋友，谢谢你们让这个世界更加美好！

感谢大家！谢谢！

Notes

"Action has meaning only in relationship": Jiddu Krishnamurti quotation from "Relationship," Colombo Ceylon 2nd Radio Talk program, January 22, 1950.

"the gardener does not make a plant grow": Sir Ken Robinson quotation is from "Developing Imagination in Education," recorded video lecture from Full Sail University, March 25, 2008.

"These peer bonds are often perceived as the most important relationships in their lives": For more on peer orientation, see Gordon Neufeld and Gabor Maté's Hold On to Your Kids (Knopf Canada, 2004).

"Sherry Turkle speaks to this phenomenon": Sherry Turkle, Alone Together (Basic Books, 2011), page 1.

"children have lost twelve hours of free time a week": David Elkind, The Power of Play (Da Capo Press, 2007), page 9.

"it is our feelings that facilitate emotional growth, development, and maturation": See Antonio Damasio, The Feeling of What Happens (Houghton Mifflin Harcourt, 1999) and Gordon Neufeld, Science of Emotion DVD (Neufeld Institute, 2016).

"It is not so much what we do": Gordon Neufeld quotation is from Teachability Factor DVD (Neufeld Institute, 2011).

"One morning the North Wind and the Sun": Aesop's fable "The North Wind and the Sun" is adapted from the version found in the Oxford University Press, 1964, edition.

"research indicates that people who have experienced childhood trauma": Alice Schermerhorn, "Associations of Child Emotion Recognition with Interparental Conflict and Shy Child Temperament Traits," Journal of Social and Personal Relationships (March 13, 2018), doi.org/10.1177/0265407518762606

"'Collecting' is likely something most of us already do instinctively": We are indebted to Dr. Neufeld for developing an accessible and intuitive language around priming and preserving relationships. He speaks about "collecting, bridging, and matchmaking" as being the three basic attachment rituals.

"bridging and matchmaking": We are indebted to Dr. Neufeld for developing an accessible and intuitive language around priming and preserving relationships. He speaks about "collecting, bridging, and matchmaking" as being the three basic attachment rituals.

"The question is not what you look at, but what you see": Henry David Thoreau quotation is from his journal, dated August 5, 1851.

"We often ignore the signs to slow down": Even fifteen years ago, the flag was raised by Carl Honoré in his book entitled In Praise of Slow (Knopf Canada, 2004) about the effects of fast-paced living on our attention, in terms of physical and emotional health.

"These modes of 'connection' often lead us to a place of more disconnection": If you are interested in more on this subject, see Sherry Turkle's Alone Together (Basic Books, 2011) and Mari K. Swingle's i-Minds (Inkwater Press, 2015) to help unpack this dynamic.

"a child who is shut down, who may interpret a neutral facial expression as a threat": Alice Schermerhorn, "Associations of Child Emotion Recognition with Interparental Conflict and Shy Child Temperament Traits," Journal of Social and Personal Relationships (March 13, 2018), doi.org/10.1177/0265407518762606

All the diagrams in this chapter are adapted from Neufeld's Traffic Circle Model of Aggression (2002).

"The activities are decided together by the school team as part of the plan to support this student as needed:" This example of the parachute plan comes from Martine Demers, who is involved with Nurturing Support Centres in the province of Quebec. For more information on Nurturing Support Centres, visit the website for the Centre of Excellence for Behaviour Management (CEBM) at cebm.ca.

"Dr. Neufeld's course Heart Matters: The Science of Emotions": Gordon Neufeld, Science of Emotion DVD (Neufeld Institute, 2016).

"Psychology researchers Mihaly Csikszentmihalyi and Jeanne Nakamura": See J. Nakamura and M. Csikszentmihalyi, "The Concept of Flow," in Oxford Handbook of Positive Psychology, ed. C.R. Snyder and S.J. Lopez, pages 89–105. Also see Sylvie Frigon, ed., Danse, enfermement et corps résilients | Dance: Confinement and Resilient Bodies (University of Ottawa Press, 2019).

"if we can move past a child's initial nervousness to express themselves through movement": Hannah Beach, I Can Dance My Feelings (Tournesol Dance, 2011).

"the James Bay Community School": For more information, see jamesbay.sd61.bc.ca.

"the Roots of Empathy program": For more information on Roots of Empathy, go to rootsofempathy.org.

"A self is not something static": Madeleine L'Engle quotation is from A Circle of Quiet (Farrar Straus Giroux, 1972), page 32.

"As human beings, our job in life": Fred Rogers quotation is from You Are Special (Running Press, 2002).

"Peter Reynolds's book Ish": Peter Reynolds, Ish (Candlewick Press, 2004). Diagram adapted from I Can Dance a Better World (Tournesol Dance, 2011), page 8. Copyright Hannah Beach 2011.

"belonging should be at the heart of a fundamental discovery": Jean Vanier, Becoming Human (Paulist Press, 1998), page 35.

"This statement precludes the idea the children somehow have an inside understanding": William Crain, Theories of Development: Concepts and Application (Prentice Hall, 2010), pages 3–6.

"Communal singing is something that our schools could quite easily adopt as practices": For more on this subject, see Sarah Claydon, "The Science Behind Why Choir-singing Is Good for You," CBC Radio, March 29, 2018, cbc.ca/radio/blogs/the-science-behind-why-choir-singing-is-good-for-you-1.4594292

"Sir Ken Robinson argues in a 2018 article": Sir Ken Robinson, "Why Dance Is Just as Important as Math in Schools," TED-Ed Blog, April 2, 2018, blog.ed.ted.com/2018/04/02/why-dance-is-just-as-important-as-math-in-school

"In Dance Education around the World": Charlotte Svendler Nielsen and Stephanie Burridge, eds., Dance Education around the World (Routledge, 2015).

"'dance can help restore joy and stability'": Sir Ken Robinson and Lou Aronica, "Why Dance Is Just as Important as Math in Schools,"

TED-Ed Blog, April 2, 2018, blog.ed.ted.com/2018/04/02/why-danceis-just-as-important-as-math-in-school. See also Sir Ken Robinson and Lou Aronica, You, Your Child and School: Navigate Your Way to the Best

Education (Penguin Random House, 2018).

"There are resources to support teachers in being able to use inclusive movement and dance": Hannah Beach, I Can Dance My Feelings (Tournesol Dance, 2011), page 3.

"Kenyatta gave a TEDx talk from Sing Sing": Jonathan Mandell, "'Our Town' in Sing Sing Prison," NewYorkTheater.me, May 29, 2013, newyorktheater.me/2013/05/29/our-town-in-sing-sing-prison

"only about 10 percent of inmates who have participated": Jonathan Mandell, "'Our Town' in Sing Sing Prison," NewYorkTheater.me, May 29, 2013, newyorktheater.me/2013/05/29/our-town-in-sing-sing-prison

"A recent book Danse, enfermement et corps résilients | Dance, Confinement and Resilient Bodies highlights and explores": Sylvie Frigon, ed., Danse | Dance (University of Ottawa Press, 2019).

"In Finland, art is perceived to be a very important subject": Zlil Busnach, "Arts Education in Finland," Dutch Scandinavian exchange | Finland, lkca.nl/~/media/downloads/bijeenkomsten/dutch-scandinavian%20exchange/finland.pdf

"teachers, students, and parents in Finland tend to perceive the value of the arts": M.J. Furlong, R. Gilman, and E.S. Huebner, eds., Handbook of Positive Psychology in Schools (Routledge, 2009).

"one of their core educational beliefs": Tim Walker, "The Simple Strength of Finnish Education," This Is Finland (December 2016), finland.fi/life-society/the-simple-strength-of-finnish-education

"one of the most unique features of Finnish schools": M.J. Furlong, R. Gilman, and E.S. Huebner, eds., Handbook of Positive Psychology in Schools (Routledge, 2009).

"even when Finnish children enter first grade": Tim Walker, "The Simple Strength of Finnish Education," This Is Finland (December 2016), finland.fi/life-society/the-simple-strength-of-finnish-education

"Finland has been identified as one of the top countries worldwide": M.J. Furlong, R. Gilman, and E.S. Huebner, eds., Handbook of Positive Psychology in Schools (Routledge, 2009).

"a pocketful of kisses": See Audrey Penn's The Kissing Hand (Scholastic, 1993) and A Pocketful of Kisses (Tanglewood Press, 2006), about helping a child stay connected to you while apart.

"an invisible string that connects us": See Patrice Karst's The Invisible String (DeVorss & Company, 2000), about a magical string that connects people who care about each other, even when not physically together.